王光宇◎編著

# 人生的100萬
# 從上大學開始

原書名：上大學就要開始學賺錢

# 序言

大學生雖不能說是學富五車，但起碼也是知書達禮、文質彬彬。古人云：「文質彬彬，然後君子。」但是君子之後呢？

君子愛財，取之有道。

財，人所共欲。當一個人說他不喜歡錢的時候，只有兩個可能：要嘛他特別有錢，對錢可以滿不在乎；要嘛他特別沒錢，對錢在乎不起來。

顯然，當你拿起這本書的時候，你應該正在渴望跳脫後一種人的圈子，躋身到前一種人的行列。也就是說，你覺醒了，你可以在大學生天真燦爛的幻想和大學裡遊樂迷離的環境中，挪出一點時間和空間，來考慮賺錢這件事情了；你已經在比較成熟理性地接觸這個社會，並積極思考和自己有著切身利益的東西了。

是的，在這個經濟時代，錢雖不是萬能，但沒錢卻是萬萬不能的。

那麼，問題來了，君子愛財如你者，如何才能做到「取之有道」呢？這個「道」，不妨把它解釋為：一條正確的適合自己走的路，一條指導自己人生宏觀運行軌跡的路。

走上一條賺錢的路不是一件很困難的事情，不然這個社會不會有那麼多的有錢人。但這條路並不是那麼好走，所以你發現你周圍還有很多窮人。為什麼這個世界有人富、有人窮？因為這個世界屬於先知先覺的人們，走得更早，走得更快，就會掌握更多機會，發現更多的財富。

比爾・蓋茲等不及大學畢業就毅然投入Windows作業系統的開發，所以今天全世界的人都在使用Windows，他也長期高居世界富豪榜首。

巴菲特十二歲就學會投資，二十一歲賺到了1萬9千美元，所以今天的他是世界頂級富豪，是全世界股民景仰的「股神」。謝爾蓋‧布林放棄唾手可及的洋博士學位，棄學創業，所以現在你如果有什麼不知道，你首先就想到要google一下。

有那麼多人走在財富之路的前面，你要成為走在前面的人之一，也並不是難於上青天的事情。

其實，富人跟武俠、錢財和武功，在達到目標的這個過程，有很大程度上的相似：要嘛兢兢業業，踏踏實實，一步一步積少成多；要嘛因緣際會，把握契機，一步登天突飛猛進。

大學是象牙塔，是世外異域的天山，在教育還遠遠沒能和社會掛鉤的今天，師長不會告訴你江湖險惡，不會傳授你生存之道。在出關之前，你有多厚的功底、有多大的能力、有多大的自信心和勇氣去闖蕩江湖？

所以，你需要一本劍訣。

劍招的變幻莫常就像財富世界的波譎雲詭，劍刃的尖銳鋒利就像財富意識的敏銳犀利，劍形的簡單便捷就像賺錢真理一樣質樸雋永。天山七劍，天瀑劍象徵無為，攻守不定；舍神劍象徵生命力強，無堅不摧；莫問劍象徵智能，領袖群雄；日月劍象徵變化，閃耀奪目；青干劍象徵防守，避無可避；競星劍象徵創新，可放可收；遊龍劍象徵進攻，人未到聲先到。那麼，在大學生學習賺錢的過程中，它們又將帶給你怎樣的啟示呢？本書將為你一一道來。

學好大學生賺錢的天山七劍，你將更快地融入市場經濟，主動地掌控自己的財富人生……

# 目錄

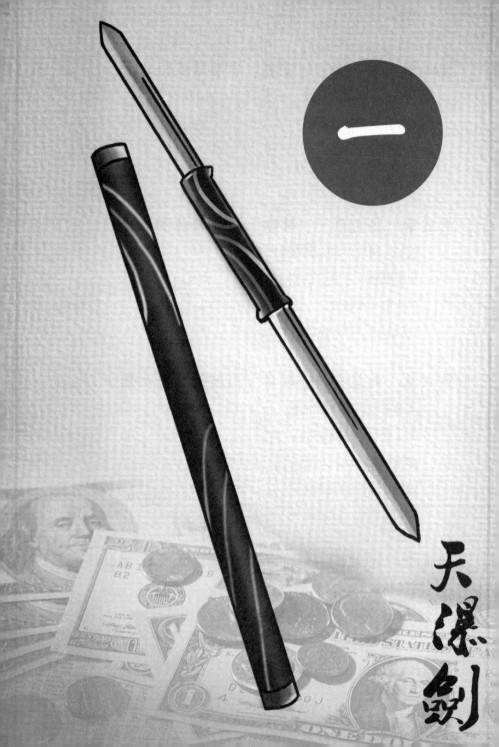

天瀑劍

# 賺錢七劍之
# 天瀑劍

## 理財，賺錢的起步

——「天瀑」，顧名思義，它就如同流水從高山上直瀉而下，如果使用恰當，便會有無窮的力量。

——「理財」，簡而言之，就是打理自己的財產，如果管理得當，會產生無窮的財富。

——天瀑劍熔化百劍而成，劍法轉易顛倒，柄芒不分，忽攻忽守，前後左右，意到隨成。其形又細又長，能藏於竹竿之中，一旦出鞘寒光閃現，顫動如飛瀑流水，因而得名。

——理財，集成諸多知識體系而成，需要學會賺錢投資，風險分析，規劃收入與支出，分配存錢與借債，瞭解保險與信託等等。理財是社會生活中的一個細小的方面，但是卻關係到一個人的理財和人生目標，關係到一個家庭的幸福與安康。

——天瀑劍是一把雙頭劍，忽攻忽守，用劍者必須很專一，是一把表現「紀律」的劍。

——理財是一項長遠戰略，可進可退，理財者必須持之以恆，方能顯出理財的巨大威力。

# 拒絕理財錯誤觀念

　　武元英得到天瀑劍時，因為劍芒突然轉向，差點傷了自己。所以她拿著此劍時心情七上八下的，不知道是福是禍，她覺得自己學識甚淺，記不得什麼心法，也不瞭解道家的喻義，不知能否擔此大任。可是晦明大師說，心法不外叫人「放得下」，武元英與「天瀑」的緣分在於武元英是否能擺脫「執著」。後來，武元英放下對天瀑劍的畏懼，認真研究天瀑劍的特性，潛心學習，終於習得天瀑劍法。

　　理財這個詞，你應該不陌生。回想一下，在報紙雜誌的某個版面上，大街小巷的某張廣告上，各大入口網站的首頁中，不經意間就會看到這個詞語。但是大多數大學生基本上會忽視這個詞的存在，因為先入為主的印象，加上大學生這個階層的特殊性，導致多數人對理財存在認知和觀念上的錯誤觀念。

　　你可能像武元英起初對天瀑劍一樣，對理財有不理解、抵觸甚至畏懼的情緒，你可以讓這種情緒保持一段時間，但是不能「執著」於自己對理財的理解，「放得下」某些誤解和偏見，你才能清楚什是麼理財，清楚理財對財富生活的極端重要性。

## 錯誤觀念一：有錢才理財

　　可能很多人認為，沒什麼錢還理什麼財啊！一點小錢不用掐指既可算清，不需多此一舉。

但是，沒錢就真的不需要理財嗎？武元英當初拿到天瀑劍的時候，並沒有因為自己沒有武術功底而放棄練劍，所以她成了七劍之一。如果你沒有錢，你就更需要賺錢，而賺錢的起步就是管理自己的財務，開始理財。

多數大學生屬於自己支配的錢並不是很充裕，而且沒有規劃，往往月初有餘月底拮据。小Ａ是大學二年級學生，追逐潮流和時尚，每週都要逛街購物兩三次，對新的服飾、雜誌、CD、化妝品情有獨鍾，往往禁不住誘惑出手購買。於是到了月中生活費用往往已所剩無多，到月底則是捉襟見肘，甚至於有時要餓肚子，苦不堪言。而小Ａ同寢室的小Ｃ則不同，小Ｃ對每月的生活費用進行了劃分和限定，比如吃飯要用多少、購物要用多少，計算得很清楚，並嚴格執行。所以小Ｃ購物順心、吃飯無憂，每月還有小小結餘，年底用結餘的錢買了一臺自己喜歡的筆記型電腦。雖然小Ａ每月生活費比小Ｃ還高1,000元，但卻經常要小Ｃ接濟。

這個小小的例子在大學校園中是極其常見的。小Ａ與小Ｃ都沒有很多錢，但是一點小小的理財規劃，卻能給生活帶來很大影響。理財不僅保障生活無憂，還能實現自己的一些目標和計畫，就如小Ｃ喜歡的筆記型電腦。

不僅如此，在大學階段進行理財還有它相當積極的意義：

第一，合理支配收入與支出，規劃自己的生活。因為錢少沒有累積，可能一用即光，導致生活入不敷出，所以需要精打細算，難道你好意思整天都向父母要錢？

第二，養成理財習慣，就能為以後自己的發展打下必要的理財基

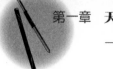

礎。

第三，著名的馬太效應曰：「好的愈好，壞的愈壞，多的愈多，少的愈少。」如果你目前處於「壞」或「少」的狀態，如果你不想一輩子如此，如果你想做點改變，向「好」和「多」的方向發展，那麼開始理財是你轉變的一個契機。

記住，沒錢更需要理財。

## 錯誤觀念二：理財就是投資賺錢

從範圍上來說，理財包含了投資，但不僅僅限於投資，投資僅是理財的項目之一。理財是戰略，注重大環境下資產的規劃布局，以實現生活的平穩發展。而投資則是戰術，是戰略規劃中的具體實現環節。

投資的目的就是賺錢，亦即是用錢生錢，賺取本金帶來的利潤，比如最典型的投資行為就是買股票，投資者都是期望能低價買入高價賣出，獲得投資回報。

但是理財的純粹目的卻不是為了賺錢，理財是為了實現自己的人生目標，或達到一種理想的生活狀態。在理財過程中，常常要制訂理財計畫、分配資產的使用、合理安排收入與支出等，但投資卻不是理財過程中的一種必要行為。

做一個比喻就是這樣：理財行為相當於一個人決定了要當一個大俠，然後他要去學習武功、闖蕩江湖、行俠仗義。而投資行為則僅相當於為了學好武功，這個人不斷跟人進行武功切磋，以便於他更好地行俠仗義。

因為理財的目的是實現一種健康的生活狀態，所以當你聽到有人勸告大學生要學會理財的時候，不要僅以為是某某股評家或者某某基金經理在拉大學生的生意，這是一種善意的勸告。

記住，你可以先不投資，但你至少應該有一個理財規劃。

## 錯誤觀念三：有正式收入之後才開始理財

也許你認為反正錢是父母給的，給來就是要用的，父母給錢自己支出，過程簡單明瞭，無需理財，要理財也要等有正式收入之後才開始。

其實，理財是越早越好。

Joe和John都是大四學生。Joe的父母都是商人，因此注重培養孩子的理財能力，從幼稚園開始就教導Joe管理自己的零用錢。受父母耳濡目染的影響，Joe的理財能力大大高於同年齡孩子。上大學以後，Joe每月將生活費5,000元進行規劃，不亂花錢，注意節約，每月都有結餘。累積了一筆錢之後，Joe夥同他人創辦了一個校內網上商店，從批發市場批發學生常用物品進行銷售。由於價格實惠，口碑不錯，生意做得很好，此後的大學生活他不但沒有再花父母的錢，而且還攢了一筆不大不小的積蓄。畢業之後，Joe沒有去找工作，而是專心的將網上商店擴展到了其他中學和一些生活社區，取得了很好的發展。

John的家庭條件與Joe相當，但父母對孩子過於溺愛，從小學到進入大學，孩子的各種開銷都是父母一手包辦，John很少獨立和錢打交道。上大學以後，John的理財能力很差，自制力也不強，每月的5,000元生活費花得糊裡糊塗，常常要向父母追討生活費。畢業之後，John找了一個薪資不錯的工作，但是從小養成的出手闊綽的習慣，使得他花錢無

節制，成了個典型的月光族。

武功高手往往得益於深厚的基本功，而這基本功都是從小鍛鍊起來的，理財高手也是如此。Joe從小學習理財，所以他善於管理錢財，累積資本，同時開放眼界，尋找賺錢的機會，展現自己的人生價值。

「三歲不早，六十不老。」這一句話經常被用來形容理財。一般解釋是說，你什麼時候開始都行，只要學會理財就好。但是潛在的寓意卻是督促每個人，盡可能早地學會理財，早理財、早規劃、早受益。著名投資學家黃培源認為，拖延是理財失敗的主因，理財必須從年輕時就開始。因為理財是在時間上的長線投資，時間越長，獲得的利益越大。

同時，在求學階段養成理財習慣，多充實有關投資理財方面的知識，建立正確的消費觀念，使得在步入社會之前即有了理財的觀念、習慣和實施經驗等方面的基礎，讓自己在理財方面領先他人一步，對自己的生活大有裨益。

記住，你已經是大學生了，你需要學會管理自己的生活，並且首先從管理自己的收入和支出開始。

## 錯誤觀念四：會理財不如會賺錢

這種想法很多人都有，好多人會這樣想：理財折騰來折騰去，結餘那麼一點錢，還不如多賺一點錢實際。當然，如果你的收入高入雲霄，而你的消費只不過如葛朗台家般的清湯寡水（其實葛朗台是一個理財好手啊！），那麼你確實不用擔心太多。

但實際上，賺錢越多開支越高，要想賺越多的錢，你必須在你賺錢的平臺上投入越多的本錢（時間、精力、資本等），而這些本錢恰恰需

要你合理規劃才能獲得。同時賺錢越多風險越大，要具有足夠的應付風險能力，也需要透過理財規劃。

Simer，二十八歲，任職某公司部門經理，工作五年，年收入能達到百萬元以上。為了便於跟大客戶的溝通與交流，他租住在高檔社區，購置名車，全身上下無處不是名牌，出入高檔餐廳，常到酒吧消遣，可謂瀟灑風流。他一直也認為，像他這樣的情況根本不需要理財，對於理財產品等一概懶得去瞭解。但天有不測風雲，金融危機到來，全球貿易緊縮，企業大量裁員，Simer不幸也成了其中一員。而且，屋漏偏逢連夜雨，家裡突然來了電話，說他父親得肺癌，要動手術，手術費一下子就要五十萬。家裡認為Simer的收入那麼高，應該能承擔這筆費用。這下Simer傻眼了，平常花錢如流水，真到急用的時候卻沒錢了。怎麼辦，只好去借。還好Simer平時為人不錯，結交了一些好友，東拼西湊總算把五十萬給借來了。Simer急忙把錢匯給家裡，算是救了急。但是接下來，工作不好找，自己的生活又成了問題。

像Simer這種會賺錢但不會存錢的人，不在少數。臺灣「經營之神」王永慶先生曾經說過：「賺一塊錢不是真的賺，存一塊錢才是真的賺。」你只要存下一塊錢，就算是賺得不多，也是一種勝利。

而且，理財能力跟賺錢能力往往是相輔相成，一個人無論收入高低，都應該有相對的理財方法來打理自己的財產，退一步是為了保險起見，而進一步則是為了提高你的生活水準，或者說為了你的下一個人生目標而積蓄力量。

記住，你累積得越多，就有更充足的資本去購買資產。

## 錯誤觀念五：談錢很俗氣

　　可能有的大學生特別是一些文科生，腹有詩書，氣質不凡，對金錢持藐視態度，對理財，則認為是小氣自私、小肚雞腸、小市民特有的表現，往往不屑一顧。

　　錢可能是萬惡之源，但是錢也是促進和維持這個世界發展的主要動力，更是一個人生活的必要條件。

　　買書買酒、收藏鑑賞，往往所費不貲，倘若毫無節制，隨意而為，很可能落魄潦倒，以致於「街頭賣畫」為生了。古時的秀才，年少多金者多矣，往往上京趕考，腰纏鉅資，一路上宿花眠柳，春風得意。然而往往人未到京城，就盤纏用盡，不得已只能賣書賣畫，甚至乞討度日。

這可能是秀才們不重視理財最恰當的例子吧！

當然，如果你執著追求精神至上，在乎於心而不在乎於物，可能你也不會拿起這本書了。但這個世上希望自己窮困潦倒、入不敷出的人恐怕不多。如果你希望自己不會在需要用錢的時候低三下四到處求人，希望自己不會在想買一本好書的時候因為囊中羞澀而放棄，希望自己能在安穩的經濟條件上無所羈絆地追逐理想，那麼，開始理財吧！

記住，理財不會讓你世俗，理財給你的追求提供保障。

## 錯誤觀念六：理財無足輕重，不願理財

如果你對任何事情都是無所謂，無足輕重，最好重新審視一下你的生活態度，因為很可能到目前為止，你已經錯過了人生中一些很重要、很有所謂的東西。

如果你僅僅是對理財有此偏見，那麼，給你最好的建議是：將書翻到下一頁，並仔細閱讀。

記住，翻到下一頁。

# 認識理財，從現在開始

天瀑劍法無招無式，領悟的途徑只能靠晦明大師以「水雲」之性譜成的心法。「水雲流澈，無為而為，形無虛實，勢無剛柔。來也去也，方便自如。非始非終，何必執著。」這樣一把充滿靈性的劍，武元英耗費了很長時間才能理解並運用，但一出鞘即犀利無比，在七劍被風火連城要脅的當口，正是天瀑劍的靈動激變，突然出鞘，才解了七劍被繳械的危機。

理財沒有一定之規，但是重在需要理財意識，有意識才有規劃，有規劃才有行動。天瀑劍在「水雲心法」的指導下，依天瀑劍自身特性攜勢而動，往往劍鋒逼人。同樣，在理財意識的指導下採取有效的理財方法，是實現財產保值和增值的必經之道。

美國理財專家柯特‧康寧漢有句名言：「不能養成良好的理財習慣，即使擁有博士學位，也難以擺脫貧窮。」在世界經濟飛速發展的今天，或許博士頭銜不再是身分名望和高收入的代名詞，那麼我們看看那些光環耀眼的明星一族吧！他們有著一般人難以想像的收入，但是理財的成敗依然對他們的生活帶來極大的影響。

邁克‧泰森是世界拳擊史上最濃墨重彩的一筆，他的拳頭讓世人為之瘋狂，但是這雙強而有力的拳頭卻拽不住自己用血汗換來的金錢。2003年，泰森向法院申請破產，這個消息震驚了全世界，他20年職業生涯中聚斂了至少3至5億美元的鉅額財富，居然就這樣在不知不覺中灰飛煙滅？

不可否認，在這筆鉅額財富的消失中，泰森經紀人唐·金攫取了很多利潤，同時泰森糟糕的行事方式帶來的大量官司也消耗了不少，追根究底，糊塗的理財方式才是導致泰森破產的罪魁禍首。

泰森破產的表面原因是其不良的消費習慣。他早期的豐厚收入給了他奢靡生活的基礎。根據離婚案的法庭檔紀錄，泰森每月要花費40萬美金用於基本生活開銷。從1995年至1997年，僅兩年的時間內，他的花費就高達上千萬美金。而其中一些數字更是讓人咋舌，比如他有900萬美金用於法律官司，65,000美金用於保養他那部豪華轎車。41萬美金是生日宴會的開銷，而他的通訊用品如傳呼機和手機的開銷就用去了23萬美金。

實際上，這些驚人的數字並不全是泰森個人的開銷。這位拳王頗有舊時武林輕財重義之風，往往出手豪爽大方。在拳擊界，泰森的慷慨是出了名的，他的推廣人、經紀人、律師、教師和醫生的薪資都是拳擊界之最，他還常常送給朋友一些價格不菲的禮物，在泰森購買的110輛豪華轎車中，有至少三分之一的轎車送給了朋友，甚至素不相識的人。他可以花費100萬英鎊購買一只名牌手錶，也可以在僅僅一週之後就因為不喜歡而將它丟給自己的保鏢。

根據新聞報導，有一次在拉斯維加斯凱撒宮酒店的豪華商場，泰森帶著一幫人前來購物，老闆一看財神來了，於是索性關門「清場」，專門招待泰森一行人。結果這幫人挑了價值50萬美元的貴重物品，泰森全部代為「買單」。根據後來的統計，泰森全部財產的60%，都是被這些人所花費掉的。

泰森的慷慨讓他的身邊聚集了一大幫狐朋狗友，這些人毫無顧忌的

耗費著泰森的財產，也進一步的誘使泰森陷入了奢靡的泥沼，在收入大減甚至欠債的情況下，還不改鋪張浪費的本性。

實際上，從1991年以後，泰森的收入就在不斷減少。1998年起，泰森已經落到了到處欠債的地步，要是尋常人，早就縮衣節食去償還債務，減輕債務壓力了，但習慣了奢華的泰森壓根不管自己的財務狀況，還是在2002年購買了一條鑲有80克拉鑽石的金鍊，價值173,706美元。在2002年的時候，他還負債8,100美金去照料他的老虎。

看起來，泰森的破產無疑是由於他的出手闊綽，但深層次或者說從實際原因來看，泰森落到如此地步顯然是因為他毫無理財規劃，沒有做好自己的信用和債務管理。

美國是一個信用社會，大部分的人都在進行借貸消費，因此每個社會公民都需要隨時評估自己的資產負債表，合理分配借貸和收入，控制消費風險，但泰森的財務管理顯然是極其混亂的。他挑選的理財顧問，不僅沒有給他做出任何合理的現金規劃、投資規劃和債務規劃，反而藉由他的粗心和豪爽中飽私囊，也讓泰森最終陷入了破產的境地。

沒有規劃會怎麼樣？沒有規劃就沒有限制，沒有限制就管不住自己的錢。也許是因為本身的性格缺陷，也許是因為頭腦簡單，總之泰森輕信了朋友，遇人不淑，加上他毫無節制的消費習慣和錯誤混亂的理財計畫，使得泰森的億萬財產在短短十幾年間就灰飛煙滅。如果泰森能夠有效地控制自己的欲望，聘請專業的有職業操守的財務公司為自己做好理財規劃，也許他不僅能在拳壇稱雄，還能在富豪榜上取得自己的位置。

也許，制訂合理的理財規劃，養成有節制的消費習慣，對一個有錢的人來說，是一件相比對較痛苦的事情，但是這個痛苦的付出是有收穫

的，或者說，只有付出才能有收穫，你得到的收穫是：能讓你一輩子不缺錢花，不用擔心吃了早餐沒有午餐。

2008年，北京奧運會見證了體育界永恆的經典，菲爾普斯在北京奧運會上一舉奪得8枚金牌，進一步續寫了他在上屆奧運會上的輝煌，舉世為之矚目。據估計，菲爾普斯的每一枚金牌的價值加上獎金，就值1,000磅黃金，而他同時也一躍成為廣告商的寵兒。8枚金光閃耀的金牌加上廣告代言，至少給菲爾普斯帶來了一億美元的不菲收入。

同樣是一夜暴富，但是相較於泰森，在巨大的財富面前，菲爾普斯卻要理智得多。

億萬財富的管理，是一項需要相當才智和資訊的工作，菲爾普斯是一個游泳天才，但不是一個理財高手，所以他很明智地選擇了一家專業的財務公司來打理他的財產，以確保自己的億萬財富不會像泰森那樣因為毫無理財規劃而散失。

我們來看看菲爾普斯的理財投資計畫吧！根據理財公司的建議，菲爾普斯將他用於投資的資金48%放在股市，另有7%投往日常商品板塊以對付通膨，20%投往固定收入板塊，10%投往對衝基金，15%投往私人產業。將較多的比例投入股市，是因為一般情況下股市有較大的收益率，能夠獲得較多回報。但是股市相對風險較大，為進行有效的風險控制，確保收益，所以在其他方面進行了較分散的投資。

在生活費用方面，聰明的菲爾普斯更不會像泰森那樣毫無節制，胡亂花錢。透過規劃，菲爾普斯會把他的投資組合中的3%左右用於開銷，即如果他有一億美元的投資，他可以拿出其中的300萬美元用於日常支出。雖然300萬是一筆不小的數目，但是相對於他的億萬資產從投資中

所獲得的收益來說，有節制地花300萬，是一個不會傷動老本的數目。

菲爾普斯是個百年難遇的游泳天才，他取得的成績不僅是人類的奇蹟，也為他自己帶來了極大的聲望和財富。億萬財富對任何人來說都是一個極大的誘惑和考驗，如果揮霍無度，像泰森一樣，可能幾年就會被打回原形，甚至負債度日。而如果處理得當，那麼有生之年不僅自己吃喝不愁，更能依靠自己的投資收益，實現自己的其他人生理想了。目前菲爾普斯正走在後面一種人的道路上，至於未來如何，我們可以拭目以待。

擁有巨大財富並讓財富不斷壯大的富豪們，無一不是理財高手，你要想成為他們其中的一員 ，首先需要培養使自己成為富豪的素質。理財，毫無疑問是其中最重要也是最基礎的一點。富翁都要花時間進行理財規劃，你怎麼能不去審視自己的收入和支出呢？

想要致富，就一定要挪出時間，盡早培養理財習慣。在理財習慣尚未建立前，你得小心一些壞習慣。很多大學生不但沒有儲蓄、存錢這些好習慣，反倒養成了拖欠信用卡債務的惡習，結果，人生不是從零開始，而是從負數開始。理財不僅是投資，更是循序漸進地培養「賺錢、存錢、省錢、錢滾錢」的習慣，而這些習慣能讓你擁有滾滾財源。

# 大學生理財的特殊性

天瀑劍轉易顛倒，柄芒不分，劍法忽攻忽守，前後左右，意到隨成，因此天瀑劍法很難練成，但是為什麼晦明大師將天瀑劍給了沒有什麼武術功底的武元英呢？

因為武元英在武學上沒有成型，可以打破常規，所以很適合練習法無定法的天瀑劍，同時，武元英身為一個女子，需要在技巧上彌補力量上的缺陷，天瀑劍給她可以說是很恰當。

武元英的特殊性與天瀑劍的特殊性結合，使得武元英成了七劍之一，能夠行走江湖，坦然無懼。同樣，大學生身為一個特殊的群體，在理財方面，自然有其特殊性。你只有充分認識到了這種特殊性，然後採取針對性措施，對症下藥，才能取得事半功倍的效果，才能讓你在大學這個理財的白紙階段，一躍成為賺錢高手。

## 抓住大學黃金時代，累積理財知識和技能

大學是人生的過渡階段，對一個人的知識觀、價值觀和世界觀的養成有很大的決定作用，努力培養自己成為一個傑出的人，是大學生的首要任務。那麼，立志在財富方面「傑出」的你，需要做些什麼呢？理財觀念的建立和理財技巧的培養，應該是你大學生涯求學認知的必要部分，也是適應當前經濟時代的一種必須的素質養成。同時，積極把握機會進行理財實踐和練習也很重要，因為這是提升你財富「閱歷」、拓寬知識面的一種手段，更重要的是能夠提高你的「財商」。

# 第一章　天瀑劍

——理財，賺錢的起步

被稱為美國華爾街「股神」的巴菲特，是唯一在股市致富而成的世界首富。巴菲特的賺錢高招一直為人津津樂道：「我買的是企業家的頭腦而不是股票。」

出生於證券推銷員家庭的巴菲特，繼承了證券推銷員強烈的賺錢欲望和賺錢能力，從小就表現出超過一般人的與生俱來的賺錢欲望，也展現了超人的賺錢能力。在中小學階段，巴菲特就透過小買賣賺取外快；就讀於賓夕法尼亞大學的財務和商業管理系之後，他更是特別鍾情於投資。進入大學不久，他就發現這個科系對自己投資沒有什麼幫助，於是轉而進入哥倫比亞大學金融系就讀，開始向著名投資學理論學家班傑明‧格雷厄姆學習投資。

格雷厄姆教授被稱為「金融教父」，因為他擺脫了憑感覺來選取股票的投資手法，開始透過收集資料、使用數學工具來分析一個公司的股票，為投資業做出了重要貢獻。在格雷厄姆教授的教導下，巴菲特對投資學進行了很好的研究，領悟了高深的投資之道，為後來的發展打下深厚的基礎。

如果沒有大學階段獲取的良好金融、理財、投資方面的教育，也許巴菲特跟一些精明的商人一樣，能夠透過不斷的打拼成為一個有名氣的成功企業家，但是僅有這些，他成為世界首富的希望是相當渺茫的，更不用說是透過炒股而成為首富。

要知道，大學生理財的意義在於累積理財知識，理財的過程遠遠比結果重要。在大學階段，不要幻想一夜致富，你可以沒有錢，但你要學會賺和管錢，這是你以後發跡致富的必備技能。

許多人說，在股市摸爬滾打幾年後，發現最限制自己發展的就是理

財方面的理論知識，而大學正是學習這些知識的最好時機。大學最重要的作用，就是提供學習知識的平臺。接受系統性教育的機會是非常寶貴的。身為一個學生，應該把眼光放長遠一點，堅定自己的方向，提高教育投資，多充充電，對自己未來的發展才是最重要的。

## 拓展思路，開源創收，讓自己收入高起來

大多數大學生的收入來自於家庭的支出，如果不是富豪之家，大學生的收入和支出往往不能平衡。做為一個在大學學習賺錢的機會，應該盡可能的尋找方法，給自己創造點收入，既可以平衡收支，又能得到很好的實踐機會。

一般來說，大學生由以下這些途徑獲得收入：

一是參加實習、兼職等活動以獲得報酬。打工不但可以累積社會經驗，對將來畢業找工作也有很大的幫助。當然，努力學習是不錯的選擇。學習是為將來投資，而很多大學的獎學金也很誘人，況且努力學習還可以減少去校外消費的次數，是一舉數得的事。

二是進行理財投資。如果每個月自己的開支還有盈餘，則可以進行一些小而穩定的投資，比如說基金定投。對炒股來說，它對大學生的自制能力有一定的要求，股市變幻莫測，炒股對心情、睡眠和學習都是有一定影響的。

三是做一些小項目或是小生意。比如在網上開店。在網上開店可免房租、裝修、稅收等費用，只需要身分認證，是一種投資較少、營運便捷的創收方式，在店鋪裡賣些有特色的小玩意兒，或者將自己閒置不用的書籍、衣物等二手物品出售，這樣投入不大，往往還可以獲得一筆可

觀的收入。

## 瞭解自己的支出，合理規劃消費，養成節約和積蓄的習慣

　　大學生是一個特殊的消費群體，和中學生比起來，他們自由度較大，但和出社會工作的人相比，卻有花費的範圍限制，因此在所受的教育、校園環境以及年齡等因素的制約下，大學生具有自己特有的消費心理和消費行為。身為一個夢想賺錢的大學生，你首先應該瞭解自己的消費支出，制訂積極有力的消費規劃，以節約和積蓄為手段，學會控制自己的消費支出，為自己的消費行為理財。

　　據調查顯示，大學生日常消費構成包括以下幾個方面：

　　一是基礎消費，包括衣、食、住、行，但是住一般是在學校，行的消費不多，所以多集中在衣和食方面。

### （1）衣飾消費

　　穿衣服是必須的，而且很多大學生喜歡穿好衣服，特別是女學生，比較重視外表形象，往往可能會為了一件名牌，吃上好長時間的泡麵。

### （2）飲食消費

　　吃無疑是最最重要、天天進行的，對一般學生來說，這項消費是大學消費的主要項目，但維持基本消費的開銷並不大。

　　再就是高級消費，這是建立在溫飽基礎上的高層次消費，對不同的人來說，可能差別很大。

### （3）學習消費

　　這裡的學習消費，主要指學習用品費、考證費、培訓費，以及購買

書籍雜誌費用等。

## （4）休閒娛樂消費

這項消費可謂名目繁多，而且花樣翻新難以控制。一般常見的有上網、看電影、演唱會、旅遊等等。

## （5）人際交往消費

人與人交往，必然是有交際成本的，對一般大學生來說，這是很重要也很必要的一項開支。

## （6）戀愛消費

談戀愛這種風花雪月的事情，除了傷神，更易傷財，對於比較任性或者沒什麼錢的大學生，花費將更大。

你的錢會不知不覺的就用光了嗎？對照上面這幾個方面，仔細回憶一下，你的錢都用在什麼地方了。

我們能夠從外界攫取的東西是有限的，你可以獲得很多，但是不可能擁有無限多。就算是世界首富，他的資產也是可數的。如果我們放手去用，肯定會有耗盡的一天。如果你想從你的收入中得到更多的好處，你需要一個預算、一個計畫和一個行動。

有一個年輕人在一家廣告公司工作，雖然收入不錯，家庭經濟狀況也很好，但他父親仍要求他每晚住在自己家裡，並要他每月付給家裡一大筆住宿費。那個年輕人覺得他父親太不近人情了，因為他當時每月的收入有一半都得用來支付這筆住宿費。

幾年之後，這個年輕人準備開自己的廣告公司，但是幾年下來，他並沒有存下多少錢，認識的朋友也多像他一樣，收入多用來吃、喝、

第一章　天瀑劍

——理財，賺錢的起步

玩、樂，不能給予支援。這時，他的父親把兒子叫到面前，對他說：「孩子，現在你可以把每年付給家裡的住宿費拿去了。我這樣做的目的，是為了能夠讓你積蓄這筆錢，並非真的向你要住宿費。好了，現在你可以拿這筆錢去發展你的事業了。」

年輕人到此才明白父親的一番苦心，對父親的先見之明敬佩不已。如今，那個年輕人已經成了美國一家著名廣告公司的老闆，而他當年的同伴們卻因揮霍無度，如今仍然艱難度日。

一般人的大學幾乎是純消費階段，較少有人能去創造財富取得收入。但是，如果你希望自己脫穎而出，成為年輕的富豪的話，那就不要讓你自己混跡於芸芸眾生之中了。從現在開始計畫未來，在你學會賺錢之前，你省下來一塊錢也就相當於你賺了一塊錢，合理規劃消費，養成節約和持續的習慣，在某一段時間之後，回頭看看，會有意想不到的驚喜。

做夢成不了世界首富，投機取巧最多也只能曇花一現，沒有好的功底，夢想也只能是風雨飄搖。抓住機會努力學習和實踐是相當必要的，要知道，武功高強才有能力行走江湖，技術高超才有本事玩轉市場。

# 從記帳開始，學習理財

　　天瀑劍很難練，連高手都難以駕馭。武月英功底差，練天瀑劍更是難上加難，但她沒有放棄，她先從自己學習過的簡單招式練起，熟悉劍性，領略劍勢，然後在七劍其他人的指點下，領悟心法。

　　賺錢是一項系統工程，你要解決很多問題，特別是自身問題。我們知道善於理財對於賺錢具有相當的重要性，所以學會理財也就同時變得重要。高手並不是一蹴而就的，付出跟收穫往往不成比例，但只要你的方向走對，力量使得很好的時候，你會發現你的付出具有很高的價值，也就是很高的回報率。

## 大學生理財方面存在的問題

　　大學生是成人的半成品，還存在很多問題，所以需要修煉。不過在修煉之前，你得找找自己到底在哪些地方存在問題。找出問題，制訂針對性的計畫，保質保量地執行該計畫，這是解決問題的普遍而且有效的方式。在理財方面，大學生常見的問題有以下這些：

### （1）個人理財意識和觀念有待加強

　　目前很多大學生將炒股或儲蓄等同於理財，甚至津津樂道「節約就是理財」。

　　——當然，你現在應該知道，這是一種狹隘的認知。

### （2）個人理財目標和理財規劃不明確

對大學生而言，個人理財意味著透過財務資源的適當管理，來實現個人生活目標的過程，是一個為實現整體目標設計的，統一的、互相協調的理財規劃。

——賺讓比爾‧蓋茲也咋舌的錢，是你的人生目標，但是注意，在現階段，也許你需要的是一個更具體、更具有可操作性的目標。

## （3）資金來源基本上全部依靠家庭，很少考慮更多的融資管道，獨立謀生能力差

據某大學的一份調查顯示，79.8%同學的生活費、學費是來自於父母，這強而有力地說明了絕大多數大學生依然不具備獨立的經濟來源，必須依賴父母來維持生活。

——但我們也看到，有很多的同學沒有依靠家庭，憑藉自己的努力，依然走完了大學旅程。

## （4）支出沒有計畫，主觀隨意性強

用錢從不計畫，糊裡糊塗，控制不了自己的花錢習慣，導致每月的收支不能平衡，該結餘的錢，不知不覺流失了。

——這是大學生的典型代表，如果你想賺錢，你需要及時地跟這一群人劃清界限。

## （5）資金結構安排不合理

學期開始時要嘛把錢全部以活存形式存入銀行，不考慮更多的投資管道，要嘛把錢投資於風險較高的金融產品，不能很好地控制風險，行情不好往往帶來較大損失，以後的生活費沒有著落。

——如果你發現自己存在這個問題，恭喜你，你已經在開始學著理

財了，雖然你還是一隻菜鳥。加快腳步努力學習吧。

## 開始記帳吧！讓錢花得明白

大型企業有首席財務長說過，就連皮包公司都有一個會計，由此可見管理財務的重要性。財務一塌糊塗的公司，不要說賺錢，能保本就算老天眷顧。所以，賺錢的人都知道，要學會理財。

在開始理財之前，對照上面提出的五個問題，你應該先審視一下自己，你存在這些問題嗎？你並不需要立刻去處理這些問題，但你可以在理財過程中去尋找這些問題的解決方案，並在解決過程中完善自己的理財規劃。

理財的開始，是弄清楚自己的收支狀況，而瞭解自己收支狀況最客觀、最直接也是最簡單的辦法，就是記帳。但是這個簡單的辦法卻沒有多少人去做，因為人性固有的缺點，缺少恆心和分析，聰明的人往往在簡單的事情上栽跟斗。要做好記帳這件事，同時要把帳記好，你需要做以下一些事情：

### （1）丟棄記帳無用論

記帳無用嗎？如果要找一個記帳的典型，那麼非洛克菲勒莫屬。身為美國「石油大王」的洛克菲勒，始終保持著記帳習慣，其帳本的最低貨幣單位是分，連用了一張三分錢的郵票也要端端正正的記上。這樣鉅細靡遺的記帳給他帶來了什麼好處呢？好處就是在他經營自己公司的時候，能夠精確地把握成本與開支，進行合理的財務規劃；能夠隨時瞭解銷售與利潤狀況，調整經營策略。

既然你想賺錢，那怎麼能不看看自己的錢是怎麼流動的呢？記帳無

疑能清楚的給你這個訊息。

## （2）克服麻煩和繁瑣的心理

拒絕麻煩，貪圖安逸，是「很多人」都喜歡的，所以這個社會「很多人」沒能賺錢。你要從這「很多人」中脫離出來，你就需要在很多地方跟他們走相反的方向，所以你要從麻煩中尋找到快樂。當你看到一行行的資料，知道自己的錢是怎麼來、怎麼去的時候，你應該鼓勵你的大腦給你一個欣賞和快樂的訊號。

## （3）做好記帳準備

記帳這麼簡單，還需要準備什麼嗎？當然需要準備一點東西，一些簡單的東西。你需要統計你的現金和帳戶、債權與負債、日常支出項目等訊息。你需要尋找一個合適的記帳方式，在資訊與網路發達的今天，有很多網路記帳系統和個人財務軟體，在等待人們去使用，你應該去尋找一款適合你自己使用的系統，不僅僅是因為簡單方便，還在於它能提供帳務報表等其他服務。

## （4）強制進行記帳行為

這是記帳的實質執行階段，也是最難的部分，很多人對此是「三分鐘熱度」，過不了多久就不了了之。你應該與他們不同。

## （5）分析帳務報表，制訂收支規劃

在記帳進行一段時間之後，要回過頭來看看你記了些什麼，並從中得到一些教訓和啟迪，在以後掏錢包的時候會有一定的警示作用，這是記帳的階段性目的。

## 學習金融知識，打下理財基礎

記帳僅是理財的開始，會記帳不等於會理財。一般的「理財」定義是「理財是為了實現個人的人生目標和理想而制訂、安排、實施和管理的一個各方面總體協調的財務計畫的過程」。理財是一個過程，在這個過程中，有很多東西需要學習，以便於更好地執行理財規劃。

　　在前面我們透過巴菲特的例子，知道了在大學學習金融知識對理財的重要性，也許有人說，學習金融知識是金融系的學生的事情，關我什麼事呢？這種看法是比較片面的，在這個經濟時代，社會的各個方面跟金融息息相關，金融是一個國家發展的支柱，而且如果要理財投資的話，更是需要掌握一定的金融知識，否則貿然而入，很可能竹籃打水一場空。

　　儘量早、儘量多地接觸和學習金融知識，是有益無害的。要獲取比較全面和實際的金融知識，學習的途徑也要考慮多方面，一是基本的知識，一是知識的運用和解析，所以要從書籍、報紙、網路等多方面進行學習，從書本上學習基礎知識，從媒體瞭解金融方面的政策和動向等。

# 踏上理財之路，主動掌控人生

　　會點武功才有能力走江湖，如果沒什麼本事，那只能是流浪漢，浪跡天涯，窮困一生。武元英有了天瀑劍，練了水雲心法，就有了資本跟其他人一起闖蕩江湖，而不是在武莊當一輩子農婦。

　　有了資本才不會為生活所累，而是享受生活。理財讓你的資本保值和增值，進而讓生活保值和增值。糊塗的人生毫無理由，浪漫的人生沒有保障，理性的人生風生水起。你應該讓自己擁有更多。

## 設定理財目標

　　理財要有目標，就好像做事都要有個目的，從另一個角度說，理財實際上就是設立目標並達到財務目標的過程。常常有這樣的人，當別人勸他理財的時候，他就會問：「我該怎樣理財？」其實這個時候，首先應該問問自己的是：「我的理財目標是什麼？」也許大部分人會茫然的回答：「就是錢越多越好啦！」但這個目標實在是不好操作。

　　因此，目標必須是具體的，抽象的目標不僅僅難以理解，更難以實現。議院開會，不會籠統的搞一個「怎麼樣把國家治理好？」的議題，而是有落到實處的具體議題，比如：「怎麼樣提高在金融危機時期的就業率？」

　　當然，理財目標並不是一成不變的，而且如果是需要具有良好操作性，動態的目標更容易追蹤和達成。比如你是天山弟子，想馬上成為武

林第一是不切實際的，但是你可以設定，今年要在天山新一代弟子中脫穎而出，成為同輩佼佼者，明年努力修煉，爭取跟二師兄打成平手、後年能跟大師兄過招等等。

因此，在設定目標的時候，你得先仔細評估一下自己：

（1）你目前在一個什麼樣的位置？

（2）最終你要達到一個什麼目標？

（3）你將怎麼樣達到這個目標？

（4）在達到這個目標之前，你需要做些什麼？

將這四個問題搞清楚之後，才可能設定一個清晰的目標，並透過努力，逐步實現。而要設定一個好目標，有必要依照一些原則：

## （1）時間明確

沒有時間限定的目標是沒有意義的，特別是在理財方面，由於利率、稅率、通貨膨脹等方面因素，資產價值具有明顯的時間效應。三年內買一間房子跟五年內買一間房子，除了自己本身收入條件限制外，還有房市漲跌因素，所以制訂理財目標的時候，一定要給出一個明確的時間。

## （2）數量具體

這個數量具體，不是指一間房子、兩間房子這樣的數量，而是指目標的價值數量。一間房子差的幾十萬，好的幾千萬，天差地別，不可籠統模糊。如果你說，我得在三年內買一間價值300萬的房子，這樣就時間明確、數量具體了，是一個不錯的目標。

## （3）具有可行性

理財目標除了時間明確、數量具體之外，你還得考慮這個目標能否實現。三年內成為世界首富，這個目標只能讓人笑話。三年內買一間上億的別墅，除了有一定基礎的人之外，一般的人，估計可行性不大。所以在確定目標的時候，應該評估一下自己的能力，把握一下目標的難易程度，可行的目標才有意義。須知，有了目標才有奮鬥的動力，但脫離實際的目標往往浪費精力。

## 進行理財實踐

如果熟讀詩書就能做出好詩，那麼全天下有一半是大詩人；如果背得心法就能武功高強，那麼全天下有一半是武術高手，更重要的是去寫詩和練武，也就是說，要去實踐。對大學生而言，透過適當的投資理財實踐，以培養自身投資理財的意識及進行尤為重要。但現在普遍存在的問題就是很多大學生把它與存銀行、按計畫花錢等概念等同起來。其實，理財還是累積儲存和投資再生的元素。有錢怎麼理？

大學生可以根據個人實際需求，制訂具體計畫和投資步驟，按計畫、有步驟、有方案地進行錢財管理，使自己的錢財透過科學合理的安排、消費，有效的進行管理和投資，進而獲得最大、最好的效益，為個人、為社會創造更多的財富，實現合理的個人投資理財。

要實現合理的個人理財實踐，應該做好以下幾個方面：

一是從存款出發，選擇新的儲蓄方式。雖然從投資角度來說，儲蓄在銀行是沒什麼收益的，往往利率還抵消不了通貨膨脹。但是從儲蓄開始，尋找一種更合理和更具有收益的存款方式，無疑是對理財的一項好

的實踐機會。一般的大學生都有點存款，但大多是活期存款，隨時存隨時領。如果存款較多，可以考慮定期存款，按照學期分一年期兩年期等，相對活存來講，能夠給自己帶來更多的好處。

二是從支出出發，制訂健康的消費計畫。之所以稱之為「健康」，是因為有較多的大學生正在進行著一種不健康的消費方式，那就是有錢的時候大肆消費，想幹什麼就幹什麼，毫不考慮沒有錢的後果；錢用的差不多的時候，就變得很「節約」，饅頭、酸菜能吃半個月，像冬眠的動物一樣潛伏，等待下一個月生活費的發放，然後再happy。這種消費方式，對一個想學會理財投資的大學生來說是大忌，是需要克服的，所以一份健康的消費計畫是必要的。

三是從收入出發，體驗合適的賺錢途徑。能夠得到計畫外的收入，

是一件令人高興的事情，但計畫外的東西是需要自己尋覓的。在不影響學業的情況下，打工兼職也是一項值得體驗的事情，除了鍛鍊自己，還能補貼開支，何樂而不為呢！

四是從投資出發，進行市場投資實踐。投資實踐是真槍實彈的見招，這種情況最能鍛鍊人，但是往往可能鍛鍊得傷筋動骨，得不償失，所以需要慎重。常見的個人投資類型有：保險、債券、基金、外匯、股票等。一般來講，債券和基金比較適合大學生，當然，股票市場對一個有心從事證券行業的人來說，是必須體驗和瞭解的。

儘管現在研究所還未畢業，但Mike已經是一個老股民了，四年股市搏殺的經歷，讓他已經對股市的動盪有了比較敏感和正確的判斷，能夠從中獲得比較好的收益了。

Mike並不是金融經濟等科系的學生，但卻一直希望依靠自己的能力獨立生活。剛上大學時，Mike無意中看到了巴菲特的經歷，對理財投資產生了興趣，也嚐試著用生活費去購買股票，可惜運氣不佳，剛一踏足就遭遇股市動盪，本金所剩無幾，讓Mike飽受父母責備。Mike不服氣，在大一、大二階段，除了學好自己的專業外，他還開始積極選修金融課程，常到金融科系的班上旁聽，而且還參加了校園模擬炒股大賽，取得了很好的成績。

經過近兩年的學習和磨練，Mike覺得胸有成竹，可以一試刀鋒了，於是再次殺入股市。這一次，Mike看好一家低價股，買入較多。果然在一個月之後，該股在利多條件的催動下，連續多個漲停，漲勢驚人，Mike看準時間拋出，大賺了一筆。四年來，Mike隨股市沉浮，有喜有憂，有漲有跌，但是整體來說收穫頗豐。從大三開始，Mike就不再向家

裡要錢了，他的學費、生活費，全是靠自己炒股得來的，而且還有一筆小小的存款。

如今，雖然研究所學業繁重，但Mike還是抽空關注股市，瞭解金融動向，隨時準備從股市中得到好處。

也許你認為大學階段好好玩玩，這些小打小鬧沒什麼意思，但是你不可否認，無論這一生你將從事什麼工作，你都不得不去考慮自己的財務問題，承擔起諸如買房子、買車子、結婚生子等等責任，在社會經濟時代，一切都與金錢掛鉤，如果你不是錢多的花不完，你都需要不斷地去累積自己的資本。理財無疑是重要的，重要的東西你應該盡早去接觸、瞭解、掌握，比如上文Mike還沒畢業，但是已經熟諳股票，至少讓自己多了一個獲取收益的途徑，能給自己更多的方向和更廣的空間。

早理財，你會發現自己更自由。

二

金神劍

# 賺錢七劍之

# 舍神劍

## 財商，賺錢的隱性資本

───「舍神」，拋棄元神，然後才能重建新生，它具有開山劈石的巨大生命力。

───「財商」，財商（FQ）是指一個人在財務方面的智力，是理財的智慧。

───舍神劍，舍神劍是晦明大師隱居到天山後鑄的第一把劍，劍身有鋸齒，粗獷野性，生命力強，無堅不摧。

───財商，財商是與智商、情商並列的現代社會能力三大不可或缺的素質，財商與智商、情商一樣，都是一種指導人們行為的無形力量。

───舍神劍使用者需力大無窮，其劍法中的「切、拖、引、撩、洗、黏」等的技法，攻擊力強，到了「抖劍」一式，舍神劍更是威力驚人。

───財商具有先天遺傳因素，但是可以透過後天的專門訓練和學習得以改變，改變財商，可以連動地改變財務狀況，財商高的人一定能夠透過努力來實現財務自由。

第二章　舍神劍

——財商，賺錢的隱性資本

# 窮人與富人的區別

　　舍神劍與一般的生鐵重劍有什麼不同？舍神劍是晦明大師隱居到天山後鑄的第一把劍，目的是開山劈石，重建新生。用料講究，精心鑄造，無處不利，無處不堅，特別是劍身有鋸齒，威力巨大，一般鐵劍當然難以抵擋。

　　社會發展到今天，人人都嚮往財富、追求財富，然而財富卻青睞少數人。這是為什麼呢？

　　物以類聚，人以群分，不同群體的人，自然有不同的特質。窮人與富人為什麼不同？窮人與富人有哪些不同？如果你想賺錢，你得先搞清楚這個不同，然後努力跳脫窮人的圈子，投身富人的群體。

　　窮人與富人有很多不同，以下這些區別被廣為流傳，你可以對照一下，看看自己屬於哪一類：

| 區別因素 | 窮　人 | 富　人 |
|---|---|---|
| 自我認知 | 窮人認命，認為自己這一生是被上天安排好的，不相信會有什麼改變，即使有改變也是被動而不是主動。 | 思想和意識處於激盪狀態，他們隨時在尋找投資機會。 |
| 習慣 | 窮人習慣於節省，但是因為來源少，收入不多，節省來節省去，到最後還是身家用光，難以為繼。 | 富人習慣於開源，富人不輕易動用老本，他們會強迫自己去賺錢，用賺錢來補償支出。 |

40

| | | |
|---|---|---|
| 自信 | 大多數窮人沒有自信，少數窮人自信，但自信來自於固定的工作和固定的薪水，窮人自信是因為他認為可以確保小家，所謂的「家裡有糧心不慌」。 | 沒有自信，就算成為富人也不會長久。富人的自信來自於自己所掌握的資源，以及自身的能力、判斷力和執行力。通俗的說法是，「只有自信是富人，才能成為富人。」 |
| 時間 | 窮人要嘛忙碌要嘛悠閒。忙碌的在用高成本的時間換取低價值的收入，而悠閒的則是在浪費生命。 | 富人既忙碌又悠閒，忙碌的時候是在用時間創造價值，悠閒的時候是在觀察價值的增長，以便於更好的改進效率。 |
| 學習 | 窮人學習是給自己找個工具使喚。 | 富人學習是給自己搭一個更好的臺階。 |
| 休閒娛樂 | 窮人為了休閒而忙碌。狠狠忙一段時間，然後去開心娛樂一下，這是窮人的目標。 | 富人沒有絕對的休閒，富人早把事業看作休閒。 |
| 交際圈子 | 窮人以感情為基準，結交的也是窮人，窮人抱成團，誤以窮是命運。 | 富人以價值為基準，結交的多是富人，富人互相結合，越來越富。 |
| 投資 | 窮人通常只知道領取薪水不知道投資，他也許會去買股票和基金，但他很難下決心去開一家小店。 | 富人喜歡投資就像蜜蜂喜歡花蜜。富人將投資視為致富的必經途徑，而且富人不滿足於開單一店舖，富人喜歡將店舖連鎖倍增。 |
| 消費 | 窮人或許因為收入少而節省開支，或許收入不錯卻消費得精光，於是窮人的消費要嘛規劃得很細，要嘛全無規劃。 | 富人的開支比較隨便，也許很闊綽，但是卻有限度。富人消費很多的時候，必然是有目的的，目的就是從消費中獲取投資價值。 |
| 熱情 | 熱情是一個奇怪的東西，窮人只有激動，沒有熱情，即使有，也會很快熄滅。 | 熱情是富人不斷前進的動力，富人將對賺錢的欲望和財富的渴望轉化為熱情，形成自己生命力的一部分。 |

## 第二章　含神劍

——財商，賺錢的隱性資本

| 歸屬感 | 窮人出生貧困，自信不足，缺少安全感，他不期望獲得認同，只期望得到保障，所以他希望自己能成為強大組織的一分子，並為之鞠躬盡瘁。如果他在那裡能一生衣食無憂，他將非常滿足。 | 富人很少有歸屬感，因為他擁有控制權，他努力培養窮人的歸屬感，以便窮人能為他竭盡心力，歸屬感是富人的一件武器。 |
| --- | --- | --- |

　　為什麼有人窮、有人富？也許上面這些區別可以給我們一個答案，如果你有很多窮人的品行，也許你可以算是性情中人，但是這對於賺錢致富沒有什麼幫助。你更應該擁有的是富人的習慣和行為方式。

　　身為一個大學生，你可能崇尚知識的魅力，你可能相信：這是一個知識創造財富的時代。但是看看這個世界，最富有知識的人並不是擁有最多財產的人，很多的富豪甚至是小學輟學，靠一輩子的摸爬滾打而成為一代富豪。

　　所以可以肯定的是，成為有錢人不一定需要有多麼高層次的教育背景。對資產和學業成績之間關係的思考和論證，吸引了很多專家學者。我們可以看到，很多在學校風光無限、學業成績優秀的人在社會生活中卻過得鬱鬱寡歡，他們活在勞碌和理想之間，難以在事業上取得成功，更難以賺到足夠的財富以保障生活的優越，這是為什麼呢？情商大師丹尼爾·格魯曼在他的《情商》一書中給出了他的答案：情商比智商更有影響力。在人與人交往的社會中，謀事在於智商，而成事卻在於情商。情商高的人，更能夠瞭解自己，更能夠掌控自己，也更能夠驅動自己去獲得成功。而智商高的人，往往容易瞻前顧後，思慮過多，害怕行動，擔憂風險。所以他們悠哉悠哉的去當了一名教授、專家、學者，他們可

以娓娓動聽地向人傳授金融、經濟等等知識，但他們自己卻保守固執，獲得的也僅僅是自己的職務收入。他們可能算是成功人士，但他們的財產並不是很富足。

有朝一日你畢業離開學校，在經歷社會的洗禮和世事的教訓之後，你就會意識到，僅靠大學文憑和一個優秀畢業生的證書是不夠的。校園之外的世界裡，有許多比好分數更為重要的東西，而這些東西常常被人們稱為「魄力」、「勇氣」、「毅力」、「膽識」、「精明」、「果決」等等。這些因素都是比學校分數更能從根本上決定人們未來的因素。

身為大學生，你可能知道，許多富豪在獲得大學學位之前就離開了學校。是的，大學教育對於獲得一份傳統的職業是十分重要的，但是對於人們如何創造鉅額財富卻並不重要。金錢的產生可以有許多不同的途徑，除了靠體力勞動和固定的腦力勞動獲取職務報酬之外，還有一些更有效的賺錢方法。

當然，這裡不是鼓吹你趕快退學去賺錢，而是如果想賺錢，你得向富人學習，因為富人掌握了致富的思維方式和竅門。經商創富並不是只有衝勁就可以的，

還需要智慧和經驗。很多人感慨賺錢太難，其實，要想賺錢，最簡單有效的方法就是向那些已經賺到錢的人學習，學習他們對待金錢的態度、賺錢的方法、投資的技巧、冒險的膽識和智慧。

所有的人都有巨大的潛力，但是卻因或多或少地存在著的某種自我懷疑，阻礙了自己的前進。阻礙我們前進的障礙很少是由於缺乏技術性資訊，更多的是因為缺乏自信。

不同的觀念會影響人的一生，人們總是以他們的思想塑造他們的生活道理。

如果想成為富人，那就從學習富人開始吧！

# 認識金錢與商業規律

最初，舍神劍劍主韓志邦只看到舍神劍的鋸牙鋒利，但不太會用。所以從關外到武莊的攻擊和突圍，他只發揮了舍神劍的衝刺威力。後來在山洞中，韓志邦因愛情糾纏，被傅青主點通了劍法的「切、拖、引、撩、洗、黏」等的技法，才悟出「鋸拖」功能。之後依靠「怒拔情海」這招，還救了很多人。

要武功高強，先練好劍法，要練好劍法，先得好好瞭解一下手中之劍。同樣，要賺錢多多，先得知道怎麼賺錢，要知道怎麼賺錢，先得知道錢，認識錢的規律。

## 馬太效應

《新約全書》中馬太福音第25章的寓言：主人一個人要往外國去，就叫了僕人來，把他的家業交給他們。按照各人的才幹，給他們銀子。一個給了五千，一個給了兩千，一個給了一千。就到外國去了。那領五千的，隨即拿去做買賣，另外賺了五千。那領兩千的，也照樣另賺了兩千。但那領一千的，去掘開地，把主人的銀子埋藏了。

過了許久，那些僕人的主人回來了，和他們算帳。那領五千銀子的，又帶著那另外的五千來，說：「主啊，你交給我五千銀子，請看，我又賺了五千。」主人說：「好，你這又良善又忠心的僕人。你對我真忠心，我把許多事派你管理。可以進來享受你主人的快樂。」那領兩千的也來說：「主啊，你交給我兩千銀子，請看，我又賺了兩千。」主人

說：「好，你這又良善又忠心的僕人。你對我真忠心，我把許多事派給你管理。可以進來享受你主人的快樂。」

那領一千的，也來說：「主啊，我知道你是忍心的人，沒有種的地方收割，沒有散的地方要聚斂。我就害怕，去把你的一千銀子埋藏在地裡。請看，你的原銀在這裡。」主人回答說：「你這又惡又懶的僕人，你既知道我沒有種的地方要收割，沒有散的地方要聚斂。就當把我的銀子放給兌換銀錢的人，到我來的時候，可以連本帶利收回。奪過他這一千來，給那有一萬的。」

1968年，美國科學史研究者羅伯特‧莫頓（Robert K. Merton）提出「馬太效應」這個術語。羅伯特‧莫頓歸納「馬太效應」為：任何個體、群體或地區，一旦在某一個方面（如金錢、名譽、地位等）獲得成功和進步，就會產生一種累積優勢，就會有更多的機會取得更大的成功和進步。

馬太效應揭示了一個不斷增長個人和企業資源的需求原理，關係到個人的成功和生活幸福，因此它是影響企業發展和個人成功的一個重要法則。起步較早，規模較大，發展迅速的企業很多都是馬太效應帶動下創造了成功的奇蹟。

要想實現馬太效應，成為富人中的富人，只有一條途徑，那就是以錢賺錢。但是要想以錢賺錢，首先就得有錢。大學生要想進一步深造、累積財富潛力，甚至是為了自己未來創業當老闆，需要一筆不菲的資金，而這筆錢，往往是靠自己省吃儉用、開源節流得來的。

## 長尾理論

　　長尾理論是：由於成本和效率等的因素，過去人們只能關心重要的人或事，如果用函數曲線來描述這種現象，曲線圖像是一條由左上突降至右下的傾斜曲線。大多數人只關心曲線的「頭部」，因為這些更重要、更熱門。而將處於曲線「尾部」、需要更多的精力或成本才能關注到的地方，大多數都忽略掉了。

　　比如在現實生活中，書店經理最關心的可能是購買暢銷書的那些人，而對冷門書籍的購買者往往漠視。但暢銷書佔所有書籍的比例只是少數，一般的書籍佔了大多數。

　　但現在的情況變了，在網路時代，由於資訊的發達，資訊的普及，對事件和事物關注的成本大大降低，人們有可能以很低的成本關注曲線的「尾部」。由於「尾部」的數量大，關注「尾部」產生的總體效益甚至會超過「頭部」。如果按照曲線進行積分計算，可能尾部的面積要更大一些。

　　在媒體廣告上，我們常常看到的是各個大企業、大集團、大廠商在狂轟亂炸，唯恐被人忘記。而難以數計的中小企業，要嘛資金不足，要嘛途徑有限，很少能夠打出自己的廣告，甚至於有的企業根本就沒想過能在媒體上打廣告。正是看到廣告領域的無邊的「長尾」，Google憑藉自己優勢的網際網路資源，推出了聲勢強大的Google Adsense。Google Adsense為沒有過多廣告預算的中小企業，量身訂做個性化的廣告，集合網路的力量，發布到個人站點，形成一個精緻的利益鏈條。

　　積少成多，集腋成裘，數也數不清的小點集合起來，將是一份鉅額的市場，這個市場是如此的巨大，以致於Google Adsense已經成為Google

的最主要經濟收益來源。

長尾經濟最大的優勢就在於初始固定投入高，進而使邊際成本降低。交易成本和維持成本費用的降低使網際網路上存在一條長長的尾巴，不熱銷的東西積少成多，會產生非常高的價值，也會有很高的市場比例。只要你稍微花點時間，任何個性化的需求都可能找到供給，小生意也能變成大生意。

## 二八法則

1897年，義大利經濟學家帕雷托在對19世紀英國社會各階層的財富和收益統計分析時發現：80%的社會財富集中在20%的人手裡，而80%的人只擁有社會財富的20%，這就是「二八法則」。

「二八法則」指出了在原因和結果、投入和產出、努力和報酬之間存在這樣一種典型的不平衡現象：80%的成績，歸功於20%的努力；市場上80%的產品可能是20%的企業生產的；20%的顧客可能給商家帶來80%的利潤。遵循「二八法則」的企業在經營和管理中往往能抓住關鍵的少數顧客，精確定位，加強服務，達到事半功倍的效果。

國際上有一種公認的企業二八法則。其基本內容如下：

一是「二八管理法則」。企業主要抓好20%的骨幹力量的管理，再以20%的少數帶動80%的多數員工，以提高企業效率。

二是「二八決策法則」。抓住企業普遍問題中的最關鍵性的問題進行決策，以達到綱舉目張的效應。

三是「二八融資法則」。管理者要將有限的資金投入到經營的重點

項目，以此不斷優化資金投向，提高資金使用效率。

　　四是「二八行銷法則」。經營者要抓住20%的重點商品與重點用戶，滲透行銷，牽一髮而動全身。

　　總之，「二八法則」要求管理者在工作中不能「鬍子、眉毛一把抓」，而是要抓關鍵人員、關鍵環節、關鍵用戶、關鍵項目、關鍵職位。

　　其實二八法則除了在於知道二八比例的分割之外，還在於貫徹一種信念，那就是在龐大的受眾群中，總有一定比例的人會按照自己的意願給自己帶來利益。最明顯也最常見的例子就是打廣告。顯然並不是所有看到廣告的人都會去購買這個產品，約翰·沃納梅克曾經說過：「我知道廣告費至少有一半被浪費掉了，但問題是，我不知道究竟是哪一

第二章　舍神劍

——財商，賺錢的隱性資本

半。」應該說，不是一半被浪費，而是絕大部分被浪費掉——但是，總是有人不會讓廣告浪費的，為什麼垃圾郵件那麼盛行？就是因為就算百分之一或者千分之一的人去點擊，也會產生鉅額利潤。

網路時代的來臨，由於網路擴展的低成本，二八法則被發揮到了極致。主要表現在免費網路遊戲、網路增值服務、軟體推廣與銷售等方面。網路遊戲最開始的收入來自於玩家的月費，常見的方式是銷售點數卡。但是月費對玩家一視同仁的收費策略，阻擋了一些無錢付費或者是不想付費的玩家，同時也不能給一些要求高、需求高的付費玩家提供更好的支援和服務，而免費網遊的出現，解決了這個問題。免費遊戲的門檻降低，吸引大量的玩家。而另外，在這些玩家當中，總會有人付費進行遊戲，而且基本能夠達到二八法則的比例，所以，二八法則被放大應用，那就是：盡可能吸引更多的用戶群體，因為越多的玩家就能帶來越多的付費玩家；同時千方百計套取付費玩家的錢，盡可能的增大收益。

「二八法則」同樣適用於我們的生活，如一個人應該選擇在幾件事上追求卓越，而不必強求在每件事上都有好的表現；鎖定少數能完成的人生目標，而不必追求所有的機會。

## 250定律

美國著名汽車推銷員喬‧吉拉德，連續12年榮登金氏紀錄大全世界銷售第一的寶座，他所保持的世界汽車銷售紀錄——連續12年平均每天銷售6輛車——至今無人能破。喬‧吉拉德從一個口吃患者到一個著名推銷員和演講家，與他善於總結歸納經驗有很大的關係，250定律就是其中之一。喬‧吉拉德認為，每一位顧客身後都大約站著250個人，這

些人是他比較親近的同事、鄰居、親戚、朋友。如果你贏得了一位顧客的好感，就意味著贏得了250個人的好感；反之，如果你得罪了一名顧客，也就意味著得罪了250名顧客。由於連鎖影響，如果一個推銷員在年初的一個星期裡見到50個人，其中只要有兩個顧客對他的態度感到不愉快，到了年底，就可能有5,000個人不願意和這個推銷員打交道。

由此，他得出結論：在任何情況下，都不要得罪哪怕是一個顧客。

這一定律有力地論證了「顧客就是上帝」的真諦。也讓我們得到啟示：必須認真對待身邊的每一個人，因為每一個人的身後，都有一個相對穩定的、數量不小的群體。善待一個人，就像點亮了一盞燈，照亮一大片。

事物是普遍聯繫的，世界上的一切事物都處在相互聯繫之中，整個世界是相互聯繫的整體，事物之間及事物各要素之間相互影響、相互制約。這就要求我們要分析事物之間相互影響、相互制約的關係，用聯繫的觀點看問題辦事情。每一位顧客身後都大約站著250個人，如果你贏得了一位顧客的好感，就意味著贏得了250個人的好感，這就是成功的法則了。

當然，金錢的規律遠遠不只上述方面，它就像武學的招數一樣無窮無盡。為什麼武功有高有低？武功高的人，不僅僅博學廣見，而且融會貫通，見縫出招，見招拆招，彷彿一切皆在掌控之中。同理，要想做一個富豪，也需要先熟悉和熟練運用金錢規律。

第二章 舍神劍

——財商，賺錢的隱性資本

# 發掘自己的財富意識

舍神劍是晦明大師隱居到天山後鑄的第一把劍，劍身粗獷帶野性，代表劍客的憤怒，同時包含強烈生命力，厚重雄渾，使用者需力大無窮。要想熟練地使用這把劍，並發揮出高超的劍術技能，需要劍客喚醒這把劍沉睡的威力。

醉夢一場不會成為武功高手，財富不會平白無故地落到你身上，有所得必須有所付出，世界是遵守物質守恆、等價交換的定律的。所以，要想賺很多很多的錢，你得有賺錢的能力，培養自己賺錢的能力，首先得從發掘自己的財富意識開始。

## 窮則思變，尋找賺錢的機會

一個人在社會中生存，如果沒有錢財支持和資產後盾、沒有社會救助的話，是連最起碼的生存也得不到保障的。一文錢可以難倒英雄漢，缺錢可能導致志短，沒錢的人無法不志短，因為他囊中羞澀，腹中空空，等米下鍋。人窮必然受制於人，迫於生計，很多時候只能妥協。

所以說，貧窮並非樂事，窮開心是一種退縮，人窮則需要思變。

無論我們現在是貧窮還是富有，我們必須知道誰也沒有權力規定我們的生存方式和生活方法，包括我們的父母。隨著時代的發展，人們的生存理念、生活觀念都隨之發生了改變，也許我們的父母安於貧窮，但我們明白致富才是該學習的道理。

電視中常見這樣的劇情：一個村子裡的兩個好朋友，一塊玩耍、學習、長大。老實的那個留在了村子裡繼承祖業，調皮搗蛋的那個不甘寂寞，走出了村子，去尋找夢想。然後某一天，衣錦還鄉，讓大家羨慕不已。

窮人和富人也是如此，當初彼此相差的只是一步，可是在若干年以後，他們卻可能有天壤之別，富人總是上了他的天堂，窮人總是下了他的地獄。人生的關鍵就只差那麼一步，這一步就是走出去，改變現狀，去努力、去奮鬥。沒有這一步，貧窮是不會消失的，富有也不會誕生。躺在貧窮的床鋪上討伐貧窮是無濟於事的，人生的希望可能就此被扼殺。

樂道不必安貧，窮則思變，變則通，跨越窮人的圍牆，從改變現狀開始。

## 學習致富之道

學習武功有兩種途徑，一是自創，比如張三丰創太極拳，前無古人，獨闢蹊徑。一種是向別人或書本學習，努力訓練，期待一朝成名。

不可否認，自創武功是一件相當困難的事情，除了需要非凡的自身條件，還需要因緣際會，在某個時刻靈光閃現，悟得天下。

舉一反三，我們可以看到，要獲得致富之道也有兩條路可以走，一是自己摸索，埋頭苦幹，自己造一條路走出來。一是拜師學藝，走別人已經走過並已證明是一條成功的路。這兩條路，一條是荊棘叢生，坎坷遍地，走得艱苦而緩慢；一條是高速公路，只要過了關卡，便可以飛速前進，一日千里。

所以，除非自己獨自發現了一條絕佳途徑，聰明的人都傾向於選擇第二條路。也就是說，若要想成為富人，最佳的方式就是以富人為榜樣，做他正在做的事情。

　　在中國大陸狂轟亂炸「腦白金」廣告的史玉柱，可以說是一個爭議人物。「腦白金」低俗的廣告讓很多人所不齒，但是其銷售額卻不斷上升，獲得了豐厚的利潤。其實，史玉柱不顧形象的低俗而大肆廣告的行為，恰恰緣於其以廣告發跡的經歷。當年史玉柱研發出M-6401中文卡，沒有銷路，正是依靠其貸款在雜誌上打廣告，才累積起了創業的資本。

　　史玉柱嚐到了打廣告的甜頭，幾乎將廣告視為其必勝絕招之一，以致於在其後的一系列經營活動中，狂轟亂炸的「史式廣告」始終貫穿其中，讓他的巨人企業東山再起。

　　史玉柱成功後，其「廣告轟炸學」被行銷界廣泛討論，有人嗤之以鼻，有人卻照樣複製。而實際上，不少照樣複製的人，都在中國商界盛極一時，從廣告銷售中獲取了豐厚的回報。

　　一個人為什麼要上學學習？而且是小學、中學、大學十幾年，有的更是碩士、博士終身學習不止。最最重要的原因是因為學習的內容是前人不斷探索的結果，前人花一輩子證明出一個定理，而後人則只需要半個小時學習掌握，這就是學習的能量。探索是艱辛的，而學習是相對很容易的。史玉柱在探索的時候，為打廣告的事情與員工鬧僵，幾乎使公司垮掉；而後面的人學習打廣告，只需制訂策略，相對就容易許多。

## 拓寬賺錢的思路

有許多人想做一番大事業，但總是強調沒有資金或其他必備的條件。實際上，只要思路開闊，能夠想出別人想不到的主意，世間萬物均可賺錢。

　　美國某城30英里以外的山坡上有一塊不毛之地，地皮的主人見地皮地處荒野，擱在那裡又沒實業價值，就把它以極低的價格出售。但新主人是個愛動腦子的傢伙，他跑到當地政府部門說：我有一塊地皮，我願意無償捐獻給政府，但我是一個教育公益事業者，因此這塊地皮只能建一所大學。免費的午餐，政府當然如獲至寶，當即就簽訂了協定。於是，這個新主人把地皮的2/3捐給了政府。不久，一所頗具規模的大學就矗立在這塊不毛之地上，而聰明的地皮主人就在剩下的1/3土地上修建了學生公寓、餐廳、商場、酒吧、電影院等等，形成了大學門前的商業街。自然，地皮的損失就從商業街的營利中賺了回來。

　　拓寬賺錢思路，在於形成創新性的想法，找到許多人都不曾注意或想到的地方。美國西部出現淘金潮，大批的人蜂擁而至，遍地挖掘，灰頭土臉，缺少水喝。有一人發現了賣水這個商機，於是放棄掘金而改為賣水，反而比很多淘金者賺得多。

　　高爾夫球場邊的湖泊往往是高爾夫球的埋身之所，這個祕密無意中被美國人吉姆‧瑞德發現了，於是他潛下湖底打撈，賺了一筆外快。但是隨著消息的傳開，後來越來越多的人開始從事這個行業，此時吉姆‧瑞德積極轉向，成立了高爾夫球回收公司，將這些打撈者手中的高爾夫球回收，並翻新出售，又大賺一筆。

　　許多人的生活樸實無華，所以異想天開的新奇性，往往可以帶動財富的價值創造。但是不要以為好的點子只出在那些命運不凡的人身上，

## 第二章　舍神劍

——財商，賺錢的隱性資本

每個人都有自己的思想和經驗，每個人都有一些獨特的認知和見解，只要仔細思考，總會有一些閃光的點被發現。有專業公司做過調查，一個家庭主婦想出好點子的機會，要比一個中等公司的經理多得多，因此，不要以「外行」的名義扼殺能為我們帶來財富的新點子。

用開闊的思路在萬物中尋找商機，你會發現賺錢其實很簡單。

## 學會富人的思考方式

億萬富翁亨利・福特說：「思考是世界上最艱苦的工作，所以很少有人願意從事它。」

世界最著名的成功學大師拿破崙・希爾寫過《思考致富》一書。為什麼是「思考」致富，而不是「努力工作」致富？高財商的人強調，最努力工作的人最終絕不會富有。如果你想致富，你需要思考，獨立思考而不是盲從他人。富人最大的一項資產，是他們的思考方式與別人不同。你跟富人一樣的思考，你才能成為富人。而富人的思考方式，最主要的一點就是一直在尋找賺錢機會。

喬治・哈姆雷特因為身體原因需要住院療養，這本應該是個好好放鬆的機會，但是喬治雖然身體閒了下來，但是腦子卻沒有閒著，而是在思索著。他思索的問題很簡單，那就是如何賺錢。

百無聊賴中喬治發現，自己的衣服被乾洗之後，都被加上一張硬紙板。這些硬紙板是為了防止衣服變形而加入的，一般情況下，硬紙板被衣服主人取下後就完成歷史使命，被扔進了垃圾桶。喬治忽然發現，這張硬紙板應該可以發揮更大一點的作用，而這更多一點的價值，他認為刊登廣告是個不錯的選擇。

喬治出院之後，立即動手進行這個專案，他聯繫好廣告客戶，在乾洗用硬紙板上印上廣告，然後將原價每千張4美元的硬紙板，以每千張1美元的低價賣給洗衣店。這樣，不僅其中3美元的差價，已經從廣告費中賺取到，他還能獲得額外的廣告收入。另外，為了達到更好的廣告效果，爭取更多的廣告費用，喬治還在紙板上印製圖畫遊戲、美味食譜，甚至是連載漫畫等。衣服的主人往往會受到這些印製品的吸引，進而更加注意到廣告。透過這些手法，硬紙板帶來的廣告效應更加明顯，喬治的廣告收入又大漲一筆了。

為什麼說機會降臨給有準備的人，靈感來自於長期的煎熬？那是因為思考的力量。有理想和衝動，然後在這方面積極下功夫，反覆思索，才能開拓出別人難以想像的項目和事業。成功者從不墨守成規，而是積極思考，千方百計來對方法和措施予以創造性的改進。如果你一味的只做別人做的事，你最終只會擁有別人擁有的東西。學會思考吧！就算每一天用10分鐘來思考、研究、規劃，也一定會有意想不到的結果出現。

## 一步步地奔向目標

從心理學上來說，為達到主要目標而設定許多「次要目標」，會比較容易完成主要目標。許多人會因為目標過於遠大，或理想太崇高而易於放棄。若設定「次要目標」便可以較快地獲得令人滿意的成績，逐步完成「次要目標」，心理壓力會隨之減小，主要目標總有一天能完成。

1984年，在東京國際馬拉松邀請賽中，名不見經傳的日本選手山田本一出人意料地奪得了世界冠軍。當記者問他憑什麼取得如此驚人的成績時，他說了這麼一句話：「憑智慧戰勝對手。」

　　當時所有人都認為這個偶然跑到前面的矮個子選手是在故弄玄虛。跑步本來就是憑身體說話，馬拉松賽更是體力和耐力的運動，只要身體素質好又有耐力才有望奪冠，爆發力和速度都還在其次。說靠智慧取勝，似乎有點譁眾取寵。

　　但是兩年後，義大利國際馬拉松邀請賽在義大利北部城市米蘭舉行，山田本一代表日本參加比賽。這一次，他又獲得了冠軍。

　　記者又請他談經驗。山田本一性情木訥，不善言談，回答的仍是上次那句話：「憑智慧戰勝對手。」這回記者終於忍不住了，在報紙上對他所謂的智慧冷嘲熱諷。

　　10年後，這個謎終於被解開了，在他的自傳中，山田本一揭開了這個祕密：每次比賽之前，我都要乘車把比賽的路線仔細地看一遍，並把沿途比較醒目的標誌畫下來，比如第一個標誌是銀行，第二個標誌是一棵大樹，第三個標誌是一棟紅房子……這樣一直畫到賽程的終點。比賽

開始後，我就以百米的速度奮力地向第一個目標衝去，等到達第一個目標後，我又以同樣的速度向第二個目標衝去。40多公里的賽程，就把我分解的幾個小目標輕鬆地跑完了。起初，我並不懂這樣的道理，我把我的目標定在40多公里外終點線上的那面旗幟上，結果我跑到十幾公里時就疲憊不堪了，因為我被前面那段遙遠的路程給嚇倒了。

目標的力量是巨大的。目標應該遠大，才能激發你心中的力量，但是，如果目標距離你太遠，你可能就會因為長時間沒有實現目標而氣餒，甚至會因此而變得自卑。山田本一提供了一個實現遠大目標的好方法，那就是在大目標下分出層次，分步實現大目標。設定一個正確的目標不容易，實現目標更難。把一個大目標科學地分解為若干個小目標，落實到每天中的每一件事上，不失為一種大智慧。

在致富的道路上，你也不妨仿效一下。

# 啟動你的財商

韓志邦本來只是武莊一個牧馬人，憨厚直爽，但機緣巧合，送傅青主上天山後，被晦明大師看中，送他一把舍神劍。從天山下來，解除武莊危難之後，韓志邦開始感覺到了自己的不同，他對武元英說：「從天山下來之後，一切都變了，我覺得我不應該去放馬，我應該是一個劍客。」

舍神劍給了韓志邦劍客的感覺，韓志邦也傾心於這種感覺，所以他成了天山劍客。優秀的財商會給你富人的感覺，然後你才能發跡致富。一些潛在的特質讓人說不清道不明，但是在面對問題的時候，往往發揮了巨大的作用。財商就是其中之一。

學習能力的高低是跟智商聯繫在一起的，那理財能力的高低又跟什麼聯繫在一起呢？理財能力、財務問題跟一個人的一生都是緊密相連的，而且事關生活幸福，相當重要。為了衡量一個人的理財能力和創造財富價值的能力，專家學者們發明了一個叫「財商」的辭彙。

什麼是財商呢？羅伯特·清崎認為，財商是指一個人在財務方面的智力，是理財的智慧。財商可以透過後天的專門訓練和學習得以改變，改變你的財商，可以改變你的財務狀況。財商是一個人最需要的能力，也是最被人們忽略的能力。可以想像，一個漠視財商的人，一定是現實感很差的人。

財商是「財務智商」（Financial I.Q.）的簡稱。它包括以下幾個方

面的內容：

（1）個人的心理素質和在生活中潛能發揮的程度。

（2）掌握與經營事業有關的知識，包括：財務知識、法律知識、經營策略等。雖然智謀型投資者不是律師，但是他們會依據法律，按照投資項目和潛在利潤制訂投資策略。

（3）是否有符合時代潮流的投資理念和價值觀。

（4）經營能力，包括：行銷策劃能力、對市場的分析預測能力、組織管理能力等。

簡單的說，財商就是「80%的情商＋20%的財務技術資訊」，財商與情商緊密相連，而大多數遭受財務問題痛苦的人是因為他們的情感控制著他們的思想。

你是否擁有足夠的財商以達到你想要的財富目標，你可能對此沒有很好的資訊和把握，下面的這一組題目，可以給你一個簡單的測試，讓你對自己的財商有一個初步的瞭解。

**財商測試題：**

1、你喜歡進行一些有趣的、刺激的活動，比如遠足、漂流：A.是 B.有時 C.不會

2、老是有朋友向你借錢，因為你總是念在朋友交情，千方百計給予朋友幫助：A.是 B.有可能 C.不會

3、你對股市根本不瞭解，但是你得到可靠消息某支股票會有人炒作，

——財商，賺錢的隱性資本

　　將股價提高，你會馬上去買入該股票：A.是 B.有可能 C.不會

4、你積極進行理財，瞭解股票和基金市場，進行投資實踐，如果行情看漲，你會向別人借錢來購買股票，讓自己手中掌握更多的股票：A.是 B.有可能 C.不會

5、你每天都會抽出一定時間去閱讀報章雜誌，或是上網瀏覽新聞：A.是 B.有可能 C.不會

6、你對理財廣告很有興趣，很樂意參加投資說明會：A.是 B.有可能 C.不會

7、你在路上發現一個背包，打開一看，裡面有嶄新的十萬塊錢，你會馬上把背包背走：A.是 B.有可能 C.不會

8、廠商到學校開產品宣傳會，與會的同學可以抽獎，獎品是一臺你喜歡的筆記型電腦，你會到現場去抽獎：A.是 B.有可能 C.不會

9、學校的某項規定太嚴格，傷害到你的某些切身利益，你會合法地向學校表達你的不滿：A.是 B.有可能 C.不會

10、有幾個朋友開發了一項很有前景的產品，決定自主創業，將這個產品推向市場。他們邀請你入股，雖然產品的收益要很長時間才能體現，但你還是願意入股：A.是 B.有可能 C.不會

　　解答：選A的得3分，選B的得2分，選C的得1分。

## 得分在25～30分

恭喜你！你算是屬於高財商的人。你對投資理財掌握較好，關注投資理財資訊，賺錢致富的欲望強烈，並且在努力尋找機會成功。

## 得分在16～24分

你的財商屬於中等水準。中等水準意味著社會上大多數人都屬於這種類型。你知道理財投資的重要性，但是自信心和判斷力不足，比較容易跟隨潮流，所以在理財方面收益不高，你需要對理財投資有更好的研究和領悟。

## 得分在10～15分

很不幸，這樣的財商在理財方面估計沒有什麼好的發展前景，你可能連自己的消費都不能進行有效控制，所以建議你多瞭解一些理財投資方面的知識，努力培養自己在財務方面的能力。

### 你對你的財商有點瞭解嗎？

高財商的人和低財商的人有什麼區別呢？根本的區別就是他們對生活的態度不同，因此造成生活的巨大差異。

| 生活態度 | 低財商的人 | 高財商的人 |
|---|---|---|
| 生活目標 | 獲得提升 | 賺到數百萬 |
| 平日想法 | 我從不富有<br>順其自然<br>靠自己能力賺錢 | 我是一個有錢人<br>想辦法解決問題<br>不用花錢就能賺錢 |

## 第二章　舍神劍

——財商，賺錢的隱性資本

| | | |
|---|---|---|
| 對金錢的態度 | 有點錢就行<br>貪財乃萬惡之源<br>為錢而工作 | 金錢就是力量<br>貧困才是萬惡之源<br>錢要為我工作 |
| 對工作的態度 | 希望找到一份滿意的工作<br>不停地抱怨工作無聊<br>夢想老闆加薪 | 為自己打工創造就業機會<br>做自己喜歡的工作<br>瞭解錢的運動規律 |
| 對教育的態度 | 希望自己成為聰明人 | 懂得雇用聰明人 |
| 對風險的態度 | 賺錢的時候可以不用承擔風險 | 學會管理風險 |
| 理財態度 | 喜歡打腫臉充胖子<br>購置和裝修豪華住宅 | 習慣購買便宜貨<br>買實用房屋 |
| 日常語言和辭彙 | 我可付不起。<br>經濟緊張、生活困難、工作努力、補助金…… | 我怎樣才能付得起呢？<br>資本運作率、財務槓桿、利潤、現金流…… |

　　你可以看到高財商的人與低財商的人，幾乎就是窮人與富人的差別。財商如同智商，當然也講究天賦。經商的意識和理財的能力往往是一個人與生俱來的基因遺傳，但是後天也可以培養的，有人有主動意識，意識到了，比別人早，就有更多的致富機會；沒意識到、懶得學，也就只有依靠實幹來獲取生存資本。

　　仔細比對上面這個表，你在哪些地方還沒意識到？在哪些地方還是處於低財商的階段？如果有，那麼你就需要學習。學習會傳遞給人一些新的觀念，喚起人們潛在的信心和勇氣去參與理財、投資、創業。當然財商這種東西，更需要的是用實踐來培養和啟動。

　　羅伯特・清崎在《富爸爸窮爸爸》一書寫道：「富人之所以越來越富，是因為他們學會了解決財務問題。富人把財務問題看做是學習、成

長、變得聰明和更富有的機會。富人認識到他們的財商越高就可以解決更大的問題，因此就可以賺到更多的錢。富人不會躲避、避免財務問題或假裝其不存在，而是歡迎這些問題，因為他們知道這些問題是自己變得更聰明、更具有財商的機會。這就是他們越來越富的原因所在。」

從窮人跨越到富人，財商具有相當大的決定因素。財富只青睞於那些積極尋求財富的人們，而不是茫然四顧、不知所謂的人。

戴爾‧卡內基在美國是家喻戶曉的成功學專家，因此很多人找他指點，期望能獲得一條通往成功的路。一次，一個窮途末路的退伍軍人找到了卡內基，希望卡內基能授予他一條「魚」：給他介紹一份工作，能讓他不至於去乞討度日。

身為一個成功學專家，卡內基當然希望能給這個沮喪的小夥子更多一點，所以他決定授他以「漁」。於是卡內基鼓動這個軍人為成為一個千萬富翁而奮鬥，這個宏大的想法自然讓這個自覺卑微的軍人無所適從，他幾乎認為卡內基是在嘲笑他。卡內基靜下心來，花了兩個小時跟這個年輕人進行了交談和勸導，終於讓他認可了這個目標，並開始策劃措施以達到目標。

這個退伍軍人對自身資源進行了詳細盤點。他在軍隊當過一段時間的廚師，掌握了一手非常不錯的廚藝；而且他在退伍之後也當過一段時間的業務員，雖然因為銷售無方，賣不出多少東西。這一次，在卡內基的指導下，這個小夥子決定開始用腦袋來銷售。

退伍軍人向卡內基借了一些錢，做為千萬富翁目標啟動的資本。他買了一套可以見人的衣服，應徵了一個業務員職位，推銷烹調器具。之後，這個軍人開始廣邀鄰居和朋友到家裡做客，他烹調的食物讓客人讚

不絕口，那些精緻的烹調器具更是給客人留下了良好的印象。由此一傳十、十傳百，退伍軍人推銷的烹調器具獲得了廣泛的口碑，銷售額扶搖直上。

如今，這位退伍軍人以自己名字註冊了商標，開辦了一家烹調器具廠，生意越做越大，他自己也早就跨入千萬富翁的行列。

充分發掘自己的財富潛力，充分調動自己創造財富的能力，所以才能從「一無所有」到「萬事俱備」。也許你不能得到戴爾‧卡內基的指點，但是你現在應該開始意識到財商的威力，努力學習，努力累積，然後你就能在財富世界優游自在。

# 累積你的財富魅力

　　天山的劍並不是人人都配使用的，晦明大師為什麼給韓志邦舍神劍？因為韓志邦坦蕩率直，面對天山劍客沒有敬畏之心，依然秉性而為，而且體格健壯，能夠拔出插在石中的舍神劍，具有駕馭舍神劍的能力，其品行特質與舍神劍可以融為一體，所以舍神劍非他莫屬。

　　想想你自己，如果你在天山上，晦明大師會給你一把劍嗎？你具有一個優秀劍客的潛力和氣質嗎？同理，在這個繽彩紛呈的經濟社會時代，你能讓你的老師、同學感受到你將大有可為的潛力嗎？你能使你在以後的生活中，讓與你交往的人們感受到你非凡的魅力進而樂於與你進行合作嗎？

　　要賺大錢，得大富貴，你需要累積卓越的財富魅力，讓別人感受並認同你的魅力。這種魅力通常由形象外表、自信心、感召力和行動力等因素構成。

　　雖然古訓云「人不可貌相」，但是無可否認，外表形象佔據了一個人對你評價相當大的比例，更別提是跟不熟悉的人接觸所留下的印象成分，比如說公司老闆。

　　也許公司老闆對大學生來說還有較遠的一段距離，但是當你畢業，並且隨主流進入一家公司之後，你就會知道公司老闆的厲害了。那麼公司老闆對自己的職員的外表形象有些什麼看法呢？據調查，有97%的公司老闆承認在公司中，那些懂得並能夠展示外表魅力的人，更容易進入

上司的視野，得到更多的機會；有93%的老闆在面試的時候，會拒絕錄用那些身著不合適裝束的求職者；同時有92%的人不會選擇不懂穿著的人做自己的助手；而幾乎所有的老闆，也就是100%的人認為員工應該去閱讀一些合適的書籍以提高自身的形象。

就一般的大型跨國企業而言，除了總裁之外，其他人職位越高，對著裝的品味和對外表形象也就越關注，也越願意展現個人魅力。為什麼一般情況下總裁除外呢？因為總裁的外表形象，已經深入人心，他不需要特別的修飾，但是一舉一動都充滿魅力，達到武林中的以「道」制人的境界。

以上僅僅是在外表方面產生的效應。身為一個大學生，你知道以貌取人是有失偏頗的，以外表來衡量一個人更是很膚淺和愚蠢的，但是一個人的外表形象確實時刻在影響著別人對你的瞭解和判斷，最典型的場合就是面試。把握好這個時刻，就能讓你贏得先機。

財富魅力是由多種因素集合而成的閃亮光環，在於知識、經驗、品行、人格等和外表形象的合為一體，給人一種向上的導向力量，讓人充分認可你。你也許遇到過這種同學或者朋友，他們並不算是外表多英俊或漂亮，但是他們的表達牽引著你，他們的行為影響著你，讓你不知不覺地追尋著他們的思路前進。所以，僅僅靠外表是不能構成財富魅力的，在很多時候，自信心不僅僅能夠鼓動自己不斷前進，還能影響別人對你的評價，讓自己能夠得到別人的認可。

每當一國大選，我們可看到那些極具魅力的政治家華麗的表現，他們侃侃而談，將希望無限放大，並且表述得嚴謹和諧、完美無缺。他們把自身形象和對未來的承諾合為一體，形成一種價值觀、或者政治觀的

標誌性人物，然後不斷向選民渲染他的解決能力和引導價值，呼喚人們追隨他勇敢前進。身為近年來以最高支持率獲得選舉勝利的黑人總統歐巴馬，無疑是這類政治家的典型。

然而商界的實際利益比政治更為明顯和實在，政治家可以輕易鼓動成千上萬的人，而企業家卻相對要難很多。但是那些把外表、自信心、感召力和行動力集合成自身強大的財富魅力並熟練運用的人，也能得到人們的追隨，進而集合力量獲得成功。比如白手起家的郭台銘，馳騁臺灣商界30多年，一手打造了臺灣電子行業的的旗艦鴻海集團，躋身臺灣首富。是什麼讓郭台銘取得了如此之大的成績？

這來自於郭台銘獨特的理念和決心。

## 敢用——變人才為將才

千軍易得，一將難求，從古至今皆是如此，在一個人的社會，人必定是起決定作用的要素。但是與絕大多數企業領導人所不同的是，郭台銘專注於培養將才，而不是一般性的人才。富士康總經理戴豐樹擁有東京帝國大學博士學位，曾經在豐田汽車工作八年，是一個汽車行業的能人。從汽車行業跨越到手機行業，似乎有點風馬牛不相及。剛開始，有人懷疑能做汽車的戴豐樹並不能把手機做好。但是郭台銘勇於啟用，戴豐樹果然不負眾望，把富士康發展成為鴻海集團成長最快速的部門。

## 敢給——高薪聘用人才

鴻海集團的員工收入，雖不能說在電子行業的最好，但至少是最好之一。員工收入除了合理的獎懲制度之外，還在於老闆的魅力和風格。

毫無疑問，郭台銘是個敢給的老闆，一般的經理級主管，一年約有近300萬元的收入，而副總經理級以上的年收入則是驚人的近千萬元，讓一些職業經理人羨慕不已。

敢給正是在於郭台銘知道人才的價值。鴻海集團沒有自己的品牌產品，能夠在龐大的代工企業中取勝，是因為鴻海具有人才、速度、成本、品質的四大競爭利器，敢給才能留住人才。

## 敢花——付出才有回報

敢花錢是在於敢付出，敢付出是在於豐厚的回報。所以郭台銘敢花錢，但是卻不是花在自己身上，郭台銘自己的辦公室也是相當簡樸的，他對用在自己身上的錢相當吝嗇。但在投資人才和購買設備上，郭台銘卻從不吝嗇。只要是世界上最先進的設備、最頂尖的人才，不管開價多少，郭台銘都會想辦法購買，納為己用。

家族式企業最難的一點是把自身與企業分開，郭台銘很好地做到了這一點。他對個人物質享受沒有興趣，而是致力於提高企業競爭力，所有大筆花出去的錢，都是在為企業的未來考量。比如在人才的培育方面，郭台銘對管理層人才的培養極重心志，在臺北、美國、中國大陸都有訓練班，為了將員工培養成國際化的人才，讓他們去海外受訓，為此花費上千萬美元而在所不惜。

## 能用——唯才是舉

唯才是舉，說來容易，實做卻難。郭台銘本身就不是名校畢業，也不是高級工程師，這樣的身世和經歷，使得他締造的鴻海公司唯才適

用，不會強調非博士、非名校不取。只要有實力，只要能力出眾，就能夠進入鴻海。

## 敢衝——不折不撓

憑空開創一個企業，並不是一件容易的事情，所以多見打工者而少見老闆。而白手締造一個企業帝國，不啻於是一件等同上九天攬月的奇蹟。在打造鴻海帝國的過程中，當然不可能一帆風順，但面對著巨大的困難，郭台銘就像一員戰場上的猛將，猛衝猛打，勇於讓所有困難趴在自己面前。

目前郭台銘的鴻海集團旗下有多個事業體，每個事業體將按照計畫擴展和向外兼併，隨著規模的擴大，人才的聚集，鴻海集團期望能夠實現「兆元奇蹟」，即年收入到達兆元以上。

每一個開創者，必有不同於常人的理念和人格魅力。他們用自己的理念感召人們，用自己的人格魅力，用自己的手腕拉攏一批人，然後拓展發揚成為最為保值的資本。有了資本，就有財富未來。

一個人向一個目標前進，無疑是困難的，但是一個人帶領了一群人向一個目標開拔，無疑會簡單很多，而能夠帶領一群人前進的人，無疑都是具有良好財富魅力的人。

要想累積自己的財富魅力，你得從多方面提升自己，最基本的能力有：

### （1）擁有一技之長

所謂一技之長，就是在某一個或是某些方面表現出來的過人之處。

喬丹籃球技藝過人，比爾·蓋茲的編程技術過人……靠著這些過人的技能，這些人都取得了事業的成功。在看重真才實學，尊重價值的當代社會，擁有一技之長更是立身之本，是通往成功的敲門磚。

## （2）轉變思維很重要

有人苦於一技之長無處展示，有人感嘆碌碌無為無人肯定，有人終其一生都沒經歷過改變，追根究底，這些苦惱來自於思維的僵化落後。就像很多大學生正在為屢屢面試碰壁而灰心喪氣時，其他人已經啟動腦筋，走上了自主創業的道路一般，從不同的窗戶看風景，看到的當然是不同的風景。

## （3）交流擦出智慧的火花

「現代世界是開放的世界」，和他人交流是獲取資訊的重要方法，交際能力的高低也成了衡量一個人綜合素質的重要標準。員工工作要交流，管理者更需要具備和員工的溝通交際能力。

# 超前一步，超多機會

天山派四大弟子教韓志邦天山劍法，到了「抖劍」一式，「舍神」威力驚人。韓志邦差點把武元英的臂骨震斷，是五大師兄齊出招把「舍神」的力度化解了，才挽回武元英的右手。

「臨陣磨槍，不亮也光」，說的是有點準備總會有好處。是的，你可以看見，大學期末考試之前，平時不看書的同學也拿起書來衝刺了。但是「臨陣磨槍」只能應付一時，而且往往結果讓人無法滿意。兩軍對壘，不可能在衝鋒前才教士兵如何殺敵；商場交鋒，不能等競爭對手壯大了才去思考對策。社會發展，賺錢不能等待。

什麼時候開始賺你人生的第一桶金？一定要等到工作後？不要再等待著機會光臨了，不要以為現在的你還年輕，還是學習和吸收的時候，今天的世界沒有那麼多的時間給你慢慢來，你不快一點，機會就給了別人。

巴菲特十二歲就學會投資，二十一歲賺到了1萬9千美元，所以今天的他是世界頂級富豪，因為他走到了其他人的前面。比人家快一點，你的收穫就多一點。

古代有這麼一個故事：有三個財主一起散步，其中一個發現前方有一個閃閃發光的金錠，眼神頓時僵住了。幾乎同時，另一個人大叫起來：「金錠！」話音未落，第三個人已經俯身把金錠撿了起來。

這個故事告訴我們，在機遇面前，眼快、嘴快不如手快，抓住，或

者說是創造機遇，快人一步，這是賺錢屢試不爽的法門。

把冰箱賣給愛斯基摩人，把皮鞋賣給祖魯人，這可算是瘋狂而大膽的想法，是一般人想都不敢想的賺錢思路。但是史蒂夫‧喬布斯卻是這樣一個「瘋狂」到幾乎令人崇拜的人。喬布斯對自己的眼光自信到狂妄固執的地步，他對未來產品有著清晰而深邃的預見。在喬布斯的帶領下，創新始終是蘋果公司不斷發展壯大的動力，而這個創新不是僅僅生產時髦產品那麼簡單，而是超前一步生產概念性產品，引領整個時代的IT潮流。正是這些，喬布斯被人賦予了「神話般的銷售能力」的讚譽。

在電腦方面，喬布斯推出了一體化電腦iMac，使得整個IT世界為之傾倒，簡約典雅的iMac猶如藝術品一般奪目。而除了繼承蘋果公司的傳統電腦行業外，喬布斯還瞄準時機，殺向了數位音樂領域，推出容量巨大的iPod播放機和iTunes線上音樂商店，一舉成為全球數位音樂市場的領導者。在此之後，喬布斯並沒有停下來歇歇腳，而是擴大戰場，開始染指手機市場。iPhone的橫空出世，幾乎顛覆了傳統手機的概念，讓手機變成了一個掌上智慧工具，引導了智慧手機的潮流。一次又一次，喬布斯猶如從煙囪裡鑽出來的聖誕老人，讓人驚喜不已而又充滿期待，誰也不知道喬布斯腦袋裡在想什麼，不知道下次會從他的寶葫蘆裡掏出一件什麼讓世人大吃一驚的新玩意兒。

喬布斯一生都在追求完美的概念型產品，當年和他共同創建蘋果公司的史蒂夫‧沃茲尼克（Steve Wozniak）對他有這樣的評價：「他的天才在於實現別人不可能實現的幻想。」是的，實現別人不可能實現的幻想，而這也正是蘋果公司最大的價值和財富。喬布斯是一個創新的使者，是一個走在別人前面的開拓者。正是他的出現，帶領了蘋果公司

走向成功，進而使得蘋果公司不僅走在了IT界的前沿，成了IT潮流的標榜，成為了眾人追逐的目標，還創造了巨大的財富和文化價值。

超級管理大師彼得‧杜拉克曾經說過：「瞭解未來，才能夠創造未來。」那些成為富翁的人，那些卓越的CEO都知道他的行業未來會如何改變，會有什麼新的潮流出現，怎樣做才能在未來處於不敗之地，他們不斷地研究有關趨勢的報告，充分為未來做準備。成功者總是善於掌握機會，善於掌握時機，在具有一定的基礎之後，他們甚至於去創造機會，去製造能夠取得績效的時機，而要達到這一點，必須透過把握潮流、不斷創新來實現。

也許有人認為，我做到第一就行了，我已經是佼佼者了，不需要再做其他無謂的事情。但君不見很多排名第一的公司不斷被人超越，甚至一些黃金行業被另一個行業取代。以前從事唱片業的人認為：自己做到銷售量世界第一名就不需要再進步了。但如果你缺乏瞭解未來的資訊，沒看到CD即將要取代唱片，沒有積極地由唱片過渡到CD的話，很可能到如今就已經沒有你的棲身之地了。世界在不斷進步，人們也在追求新的、高品質的產品。那些不知道他們的行業會有怎樣轉變的人，可能遭到淘汰了才驚醒，但是等到被淘汰的時候卻也無法做出應對了，因為他們沒有新的知識、新的技能。

喜歡自己獨立創業的人，都希望自己從事的行業是未來最熱門的行業，是一個時代的趨勢，五年或十年之後，都是每一個人想從事的行業。這樣的人會更加努力地充實自己的知識和技能。因為，他相信只要自己比別人懂得多一點，就可以比別人做更好的準備，把握機會成功的機率一定會大幅度的提升。

## 第二章　舍神劍

——財商，賺錢的隱性資本

　　但是要選擇一個在未來最為熱門的行業，卻不是一件簡單的事情，你必須掌握社會商業趨勢，把握經濟走向，瞭解未來需求。要做到這一點，必須具備敏銳的觀察力和判斷力，遲鈍的人是絕對無法捕捉時代的趨勢的。

　　而瞭解商業趨勢的重點，在於比他人先走一步，不僅僅是瞭解現在流行什麼，更重要的是掌握兩個月後、半年後會流行什麼。高手下棋，絕不會只圖謀眼前的一兩步來奪取戰場斬殺敵子，而是運籌到後面很多步，然後佔領先機。高手過招，絕不肯招式用老，絕沒有一套劍法舞下來取人性命的打算，而是見招拆招，仔細觀察，留有餘力，然後找準時機一擊取勝。

　　創業打拼，不觀察商業趨勢是萬萬不能的，而更重要的是，在把握趨勢的情況下，努力抓住機會，奮力一搏，往往可以給自己帶來意料外的一桶金。如果說創業的時候選擇超前一步，是因為創業的壓力而必須做出的選擇的話，那麼在經營成功的企業，因為發現了超前一步的商機而轉行經營，可以算是極具魄力的決定了。

　　在世界航空製造業上，波音公司可算是濃墨重彩的一筆了。波音公司製造的波音系列客機，給無數的人帶來了美妙的飛行感受，讓世界的距離為之縮短。

　　2007年，波音公司在全球擁有員工16萬多名，營業額達664億美元。如此龐大的公司，一般會讓人認為其內功深厚，背景神祕。可是大多數人並不知道，波音公司的創始人威廉·波音原本是做木材生意的。

　　威廉·波音具有敏銳的商業觸覺，才三十歲的時候，就已經是美國西雅圖海岸的主要木材批發商之一，意氣風發。1914年，在一個偶然

的機會下，威廉‧波音乘坐了朋友的飛機進行了首次飛行。飛翔的快感、飛機的奇特、飛行的便利，一下子讓波音感受到了飛機製造的廣闊前景。波音詳細地比對了自己正在做的木材批發生意和新興的飛機製造，他認為，隨著科技的進步，工業材質的發展，很多木材使用領域很可能會被取代，前景並不是很樂觀；而飛機製造則是一個全新的行業，飛機展現出的巨大功能和魅力，必將引導一個飛翔的時代。於是，在權衡利弊之後，威廉‧波音放棄了自己如日中天的木材生意，轉而投向飛機製造業，成立飛機製造公司，並命名為波音飛機公司。

當時正值第一次世界大戰，飛機第一次投入戰爭，大量的飛機需求給波音公司帶來了大量的訂單。但是新的行業並不是一帆風順，第一次世界大戰結束之後，飛機失去了大片市場。這時候，波音又當機立斷，放棄了在當時還沒有形成的空中客運市場，而是集中力量從事空中物流行業，特別是航空郵件的運輸。波音抓住了市場趨勢，他的超前一步又讓波音公司大賺一筆。透過幾十年的發展，波音飛機公司的業務得到強而有力的發展和壯大，從設計製造飛機到承擔航空運輸，波音公司推出了幾乎所有與航空相關的業務。

如今，波音公司製造的波音飛機深入人心，波音公司也成為世界航空業的領頭羊。而這一切，都是來自於其創始人威廉‧波音當年的超前一步，抓住了社會發展和市場趨勢流動的尾巴。

# 賺錢七劍之

# 莫問劍

## 學習，賺錢的智力投資

——「莫問」，晦明大師修鑄此劍後曰「莫問前塵往事，只求今生無悔」，故定劍名為「莫問」，象徵智慧。

——「學習」，學習定義為後天獲得知識的過程，強調的是後天對知識的獲取，而非先天的條件。

——莫問劍，身長兼富彈性，變化無窮，招式變幻難測。心法重劍略，有劍氣，輕易不殺，使用者需智慧與內涵。

——學習，學習則明智，然後眼界開闊，明白更多的道理、方法，進而做更多自己想要做的事，而且可以做的更好，比如說賺錢。

——莫問劍，劍氣逼人，有以劍當槍的驚人威力。如遇雨天或空氣中飛塵，將更加揮灑自如、氣勢磅礴。

——學習，「改變」是一切進步的起點，而「學習」是改變成功的因素，比如說將一塊金石「改變」成一把莫問劍，把窮人「改變」成富人。

# 模糊、沉淪，危險的心態

晦明大師為尋金石打劍，下山來到沙漠，看到一個人已經癲狂，擲劍而走，昏倒在地。這人就是傅青主。他是刑部劊子手，殺人無數。晦明大師撿起劍，只見劍身很長，上有很多血痕和缺口，戾氣很重。

傅青主為人俠義、智慧，是七劍的精神領袖，然而年輕時候的經歷卻不那麼光彩，在刑部任職，「殺人吃肉，比狼還狠」，很典型的一個酷吏。在晚年的時候，為了洗清以前的冤孽，行俠仗義，奔走江湖。

看看吧，年老才知世事艱辛，過來人才懂得時日的珍貴，所以老年人往往苦口婆心，但是年輕人往往不當回事。這也許是人生成長的一個悖論，需要努力的時候不惜時日，懂得珍惜的時候已經有心無力。

大學是學習的黃金時代，這是毋庸置疑的。而且學習跟賺錢並不衝突，在知識經濟時代，學得好是一種資本，按照社會的主流發展方向，你應該看到學習好的人是這個社會的支柱，是世界向前發展的動力，學而優則富也是當前社會的普遍法則，學習好的人，總體上比學習不好的人，過得要好。

然而大學還是有很多的人沒有好好學習，你也能夠看到，好像有很多的人是處於「混日子」的狀態，說不定你也是其中之一。

目前就讀於臺北大學的Jack已經大四了，別人忙著寫畢業報告和找工作，他最緊張的卻是重修和考試。但他的麻煩卻遠不止這些，四年來有十幾門課不及格，多次被學校以「退學」警告，他的母親已經對他絕

望並不再供給其生活費用。

Jack是家中獨子，2001年，他以優異成績考入臺北大學，考上大學的他輕鬆度日，玩了一年線上遊戲，課程跟不上，乾脆退學自費赴美國留學了，一年後因病回國治療，又放棄了美國的學業。因為聰明，2004年他再次考進了臺北大學。此時，線上遊戲在大學生群體中正大行其道，每個男生宿舍幾乎都有人在玩，正所謂「耳濡目染」，Jack一下子就迷上了。大一時，因有前車之鑑，Jack儘管也玩，但能上的課還是爭取去聽，期末考試還沒有不及格的。大二時，他就沉迷線上遊戲不能自拔了，基本上是忘情於遊戲之中，幾乎不怎麼上課，一年下來，十幾門課都沒過，大三的情況也差不多。

Jack的媽媽對他絕望透頂，現在已經放棄了Jack，不再給他下學期的生活費，扔下一句：「你愛幹嘛幹嘛。」任由Jack自生自滅。沒有了生活來源，Jack現在就要想辦法找份兼職養活自己。但還有那麼多科考試，而且畢業報告八字也沒一撇，一切都很迷茫。

Jack的故事真實而無奈，卻是很多大學生的寫照。他清楚地知道自己在做什麼，知道已經或可能造成的傷害，甚至知道去戒癮求學，但他始終還是沉溺其中，不能找到自我。近幾年來，他因網癮導致的尷尬與窘迫，帶來的還是一路迷茫與對前程的不知所措。

像Jack這樣對前途茫然、對遊戲（或其他）沉迷的大學生，不在少數。有人概括了當今大學的幾種虛度年華的大學生類型，你可以對照看看：

第一種是瞎混型。東逛西鬧，無所事事，從來不好好念書，基本是蹺課、補修、補考，一路混到畢業。

第三章　莫問劍

——學習，賺錢的智力投資

　　第二種是冷漠型。除了自己切身的事之外，其他大至國際形勢小至班級活動，一概不聞不問、置之不理，事不關己，高高掛起。

　　第三種是玩樂型。哪裡熱鬧哪裡就有他，什麼好玩什麼就不缺他，永遠都可以找到事情玩得天昏地暗。

　　第四種是虛無型。沉淪在欲望的深淵之中，既得不到快樂又無法自拔，根本不知道自己要什麼，毫無人生目標，自暴自棄，玩世不恭。

　　面對這些情況，有的學生，包括很多專家學者等社會人士，都認為教育系統有著相當大的問題。毫無疑問，大學除了弘揚學術外，還需要傳授學生生存的本事，教導學生足夠的能力，使得學生少點盲目，少走冤枉路，更好地面對社會的挑戰。但調查顯示，有高達64%的學生認為，目前大學教育不足夠讓他們成為有準備的人才，除了自己努力不足，學生還對職場缺乏信心，更不了解職場要求，無從做充分的準備。多數大三、大四學生在經歷大學教育的洗禮後，承認學校無法提供他們充足的備戰資源。

　　真的只是我們的教育體系不可救藥了嗎？即使經濟環境愈發惡劣，職場入門愈發困難，薪資水準不斷下降，甚至惶恐專業能力不足以面對未來嚴峻的職場挑戰，但調查發現，有54%的受訪學生，每天仍花最多時間在娛樂（電玩和上網閒逛）；僅有15%學生把重心放在課業，而這與打工的比例相似。有人統計了剛走出校園的大學畢業生，發現有很大比例的畢業生最大的希望是：能夠重新讀一遍大學，好好學習應該學習的東西。但是我們知道，時光不能倒流，至少現在還不能。如果你在畢業的時候，對你大學四年虛度年華而追悔莫及，這是一件很悲哀的事情。

模糊、沉淪，是極其危險的境地。

莽原上的一棵樹，能激發一個人全部的意志力；沙漠上空的北斗星，能讓瀕死的人走出死地。是的，人生之路上要避免無謂的浪費和方向的迷失，最好的辦法就是設定人生目標。用全球上千萬人的成功導師吉姆‧羅恩的話來說：「設定目標的主要原因是，調動你自身所蘊含的一切來完成它。你自身所蘊含的遠比你所獲得的大得多。」

經調查顯示，引起臺灣學生和美國學生學習效率差距大的其中一個重要原因，就是兩者對目標的確定性大相徑庭。在美國，從中學開始，老師就會根據學生的個性特點，引導樹立明確的目標，幫助學生找到適合自己的發展道路。學生因此在學習上可以做到有的放矢，及早對就業做專業和思想上的準備。而在臺灣，很多孩子從小就沒有被引導正確認識自己的優劣勢，往往每一步都跟隨潮流。升高中、考大學、選科系，都是隨社會的大眾價值觀進行選擇。為了學歷讀自己並不喜歡的科系，或者為了就業選當前熱門的科系，自己並沒有明確的規劃和目標，等到畢業時才發現以前認為熱門的行業並不熱門，以前為了追求過高學歷盲目升學的努力也是徒勞。自己只是沒有明確目標，渾渾噩噩，一事無成地度過了四年大學生活而已，對於工作和前途，仍舊一片茫然。要知道，成功之路通常都是由目標鋪成的，無謂的迷失，對前途的迷茫，只能讓人喪失奮鬥的信念和能量。

羅斯福總統夫人曾經強調畢業生應該樹立明確的目標，而以自己親身經歷的一件事為例：在班寧頓學院讀書期間，為謀取一份在電訊業的兼職工作，經父親介紹，她被安排去見當時美國無線電公司的董事長薩爾洛夫將軍。

與薩爾洛夫將軍見面後，將軍問她：「妳想做哪方面的工作？」

「隨便什麼工作。」她回答。當時她確實認為只要在將軍的公司，任何一份工作都可以接受。

沒想到這樣的回答使將軍神情嚴肅起來，他很鄭重的告訴她，「隨便」不是工作，工作也不能隨便。如果都不知道自己要做什麼，那又有什麼工作可以做好呢？

將軍的教誨讓她深深記在腦海裡，在面臨人生每件大事，每個階段時，她都會想起它，然後朝著自己的目標，做出抉擇，堅定信念。

薩爾洛夫將軍給總統夫人的勸告對大多數人都很適用，很多大學生目前還處在漫無目的地遊蕩、或探索的階段。無論你想擁有一份工作，還是打算自我創業，都要為自己設定一個目標，否則成功就會遙遙無期。

# 自我評估與方向定位

　　莫問劍主傅青主是明朝刑部官員，風火連城是他的部下。明朝滅亡後，風火連城投降滿清，成了奉「禁武令」屠殺習武之人的先鋒；而傅青主卻不願再造殺孽，為了挽救武莊，他決定上天山請救兵，以對抗風火連城。

　　每個人都有自身的特點、興趣、專長，每個人都有適合自己發展的方向。風火連城想發財，但是選錯了路，也太自大，輕視了天山七劍，導致了自身的滅亡。

　　我們每個人自身就是一筆無法估量的財富，就如同一座寶藏，我們越努力去開發，收穫的就越多。

　　但前提是我們先要認清自己。有時，要想認識自己是很困難的。很多人終生並不真正瞭解自己，因此不能發現自己在事業上的長處與弱項，不瞭解自己性格的魅力與障礙。我們的自我意識相當複雜，常常因他人的評頭論足而出現偏差和模糊。

　　進行自我評估和方向定位其實是一個知己知彼的過程，知己是知道自己想做什麼和能做什麼，知彼則是知道要做的這個事情是怎麼樣的。在知己知彼這方面，也許軟銀公司的孫正義能夠給出一個典範。

　　世界著名投資公司「軟銀」的創始人孫正義，在十七歲時第一次看到雜誌上關於電腦的圖片報導時就被它強烈吸引，從此確立了自己的夢想：用網際網路改變人類的生活方式。

孫正義十九歲時做了他的五十年人生規劃：二十歲創業，三十歲開始投資，四十歲做一筆賭注式的大投資，五十歲大收穫，六十歲退休。從PC網路到行動網路，從做實業到做投資，從美國到日本到中國，孫正義的奮鬥從來沒有脫離自己的夢想。

為了實現自己的願景和人生規劃，孫正義用一年的時間進行了自我評估和行業調查。在二十三歲時，他花了一年多的時間來想自己到底要做什麼。他把自己想做的40多種事情都列出來，而後逐一做詳細的市場調查，並做出了十年的預想損益表、資金週轉表和組織結構圖，40個專案的資料全部合起來足有十幾公尺高。然後他列出了25項選擇事業的標準，包括該工作是否能使自己全身心投入五十年不變、十年內是否至少能成為全日本第一等等。依照這些標準，他給自己的40個專案打分排順序，而電腦軟體批發業務脫穎而出。用十幾公尺厚的資料做事業選擇，目光放在幾十年之後，這樣的深思熟慮，這樣的周密規劃，註定了他日後的成功。

孫正義最過人之處，還在於他的思維理念。他能從眼前的生意中，看到未來生意方向和發展前景。他看未來不是十年、二十年，而是上百年。現在的他已經制訂出了一個三百年企業計畫，這個三百年計畫，將使軟銀集團公司的網路產業帝國更加強大，更具有實力。如此眼光，可算是當世無人可比。

孫正義描繪的人生藍圖瑰麗壯偉，讓人心潮澎湃。但是，你也應該知道，其實，只要做好職業規劃，每個大學生都是可以找到自己適合的道路，激發專屬自己的動力來源。

按照孫正義的範本，我們可以從知己、知彼、行動這三方面入手，

進行自我評估和方向定位。

　　知己的方面包括有：對自己興趣的準確把握、對自己職業性格的清楚評定、對自己生涯理想（價值觀）的確定。

　　知彼的方面包括有：適合自己的職業領域、匹配自己的職位、獲取職位的資源盤點。

　　最後是行動的方面：就是以行動實踐去實現真正的知己與知彼，並且以知己、知彼為前提，有方向地行動。比如說孫正義花了一年多的時間來想自己到底要做什麼，但是這個「想」，不是待在屋子裡天上地下不著邊際，而是更切實的去做、去調查、去分析。

　　要知己，首先是進行自我解析，解析自己的行為特點。行為特點跟一個人的特質相關，比如說內向與外向的人的表現大不一樣。要解析自己的行為特點，就要分析自己在觀察事物、思考問題、價值觀等方面的行為要素。比如你觀察事物是瞭解大概還是詳細理解；你思考問題時，是關注人還是事更多；你的價值觀是持續穩定的還是飄忽不定的等等。在解析自己的行為特點的時候，還需要關注熟悉或不熟悉的

人對你如何評價，比如別人評價你是有人情味還是冷面包公。自然，如果去做司法工作的，可能冷靜嚴肅型更有優勢。但是如果去做心理諮詢師或者護士，自然是溫和可親的讓人滿意。如果你清楚了自己的行為特點，你該選擇在什麼樣的行業、什麼樣的工作環境，就一目瞭然了。

當然在知己方面，除了分析自己的性格特徵外，還有明確自己到底想做什麼和自己能做什麼，也就是所謂的職業期望和能力評估。往往期望並非能力範圍之內，或是能夠勝任的工作又不是我們所期待的，在這樣的失衡狀態下，需要對自己的價值觀和事態的發展前景有充分的評估，不侷限於一己之見，也不能侷限於一時之見。

知己是一個伴隨一生的過程，其實知彼也是一樣。在世界變化日新月異的今天，資訊發達，資訊擁塞，對新資訊的把握，對新事物的瞭解更是相當重要。那麼，如何做到知彼呢？

如果你已經準確地知己了，你就有了自己的準職業方向。簡單的說，知彼就是了解對方的狀況。現在的大學生應該從進校就開始去瞭解自己以後期望工作的企業或行業的資訊。比如金融科系有同學、給自己做了一個進匯豐銀行或是花旗銀行的職業規劃，從大一開始收集這些銀行的背景資料，分析企業的招募要求，有針對性的從外語水準、專業技能、個人儀態修養等方面去學習訓練，儘量達到企業要求。相信也只有如此充分的準備，才能真正地在面試時脫穎而出。

知己知彼，然後行動。在自我瞭解的分析過程中，你已經在行動了。需要記住的一點是，一個人的生活是採取行動與不採取行動的結果，實幹家總是超越空想家。要做到真正為自己負責，就必須動起來。

在今天這個人才競爭的時代，對企業而言，利益至上已經逐漸轉換

為以人為本，除了高福利和高薪酬之外，關注員工的個人理念，關注員工的持續成長，對員工進行職業生涯規劃的培訓和引導，已經開始成為人才爭奪戰中的一把利器。對個人而言，職業生命是有限的，如果不進行有效的規劃，勢必會造成生命和時間的浪費。而身為一個大學生，若是帶著一臉茫然，不知輕重，那麼在這個擁擠的社會你將很難找準一個適合自己的位置。因此，大學生應該努力進行自我評估與方向定位，為自己擬定一份有品質的職業生涯規劃，將自己的未來進行合理的設計。有了規劃，才會有目標，有了目標，才會有動力。

# 第三章 莫問劍

——學習，賺錢的智力投資

# 大學生常見的人生規劃路線

　　清兵入關，施暴政於天下，傅青主遭到朝廷壓迫，落難到武莊，被武元英所救。傅青主上天山請晦明大師幫忙，並把韓志邦、武元英帶上天山，使他們成為了七劍的成員。在得到晦明大師的指點之後，傅青主帶領眾人下天山，反擊以風火連城為首的惡勢力。

　　古代的人，通常有三種經典的出路：務農、經商、做官。做官無疑是最好的出路，掌握權力，光宗耀祖。但是明朝法嚴刑峻，酷吏橫行，身為刑部官員的傅青主，也造了很多殺孽。清兵入關，更是屠戮天下，血流成河，傅青主為阻止殺伐，拯救無辜，走上了行俠仗義的道路。

　　也許這樣的人生並不是傅青主年輕的時候能預料得到的，是的，人生多變幻，很多時候你不能完全照自己預訂的方向前進，很多時候你要對方向做調整。但是，無論如何，方向是不能缺失的，這個毋庸置疑。

　　人生之旅從選定方向開始。沒有方向的帆永遠是逆風，沒有方向的人生不過是在繞圈子。「凡事預則立，不預則廢」，說的也是這個道理。預見了事情的發展前景，才能及時克服羈絆，往好的方向前進，否則將可能處處碰壁。

　　好比在汪洋的大海上航行，在無際的沙漠裡行走，迷失了方向，可能永遠就只能在裡面盤旋，無休無止。曾經有位青年迷失在撒哈拉大沙漠裡一個名叫比賽爾的地帶，因為沙漠裡沒有任何標誌，這裡的居民從來沒有離開過故鄉，而他們也認定這個地方是走不出去的。這位青年卻

並不這麼想，他望著天邊的北斗星，向著北斗星的方向，一路向北。事實證明，他的方向是正確的，他終於在不久後走出了沙漠。並成了比賽爾的開拓者。當地民眾為了紀念這一壯舉，為他立起了銅像，銅像的底座上刻著一行字：新生活是從選定方向開始的。

但是僅僅有了方向還不夠，還要沿著這個方向設定目標並不斷調整目標。澳大利亞的一個草原上草兒長得特別好，羊群規模越來越大。羊為了爭奪食物，都不願意落在後面，開始不斷地往前奔跑，到最後所有的羊只想吃到最前面的草而都朝同個方向不停奔跑，結果成批的羊一直跑到草原盡頭的懸崖邊緣並跳了下去——牠們已經完全忘記了自己奔跑的目標是吃草，而把奔跑本身當作了目標。

對大學階段來說，四、五年的人生規劃，應該是一個比較簡單的事情，在大學四年，你應該對你自己有一個總體的、清晰的方向，並有朝這個方向前進的規劃。如果你實在不知道自己該有個什麼樣的規劃，我們可以看看常見的大學生的人生是怎樣進行下去的。一般來講，在大學的階段，大學生有以下幾個典型類型：

**一、好好學習，然後繼續深造。**

**二、規劃方向不明了，什麼事情都懂點，什麼事情都不精。**

**三、學好某一方面專長，成就自己的事業。**

如果你還不是很清楚這些類型的學生之間的區別，我們可以具體描繪一遍：

第一類：規規矩矩，勤奮學習。這類學生的典型特徵是上課認真。沒有地震和火山爆發的話，基本不會蹺課。他們和老師的關係很好，是

老師眼中的紅人，就如同師父眼中的大弟子。他們頻繁出入圖書館，通常只有到圖書館要關門了才走。他們早上不會睡懶覺，而是背單字；晚上不會通宵玩樂，生活相當規律。他們積極參加各種學術活動，或者是辦科研專案和專題比賽。他們努力學習，及時完成作業，是其他學生的救星。他們是獎學金的絕對所有者。

第二類：沒有目標，整天玩樂，經常蹺課，學業成績差。這類學生跟第一類幾乎完全相反。雖然身分是學生，但是學業差不多成了他們的業餘活動。他們抓住機會蹺課，或者上課極不認真。教室的後排或者角落裡是他們的專屬位置。他們追逐校園裡的流行時尚，享受浪漫和刺激。他們之中的多數白天躲在被窩裡睡大覺，夜裡就去泡網咖、看電影、上夜店、約戀人。他們即使能通過考試，也是在及格邊緣掙扎，多數情況下都有重修課程的時候。

第三類：有自己的興趣和愛好，為自己的目標而努力。這類學生基本算是異類。他們就像武林中的四川唐門，功夫不算很厲害，但是用毒技術高，讓人不敢怠慢。他們對學業不太在意，他們在乎興趣、計畫、技術、能力、專業程度。他們有計畫地蹺課，不過大部分時間還是在課堂上。他們上課通常不睡覺，但他們也不會聽老師講課，他們只是在做他們自己喜歡的事情。他們心中有自己獨特的目標，並且一直在為自己的目標努力。儘管他們的目標可能與專業無關，但是他們的目標基本上與社會合拍。他們不是很聽話，他們有自己的思想，他們有獨立自主做事情的能力，他們的名言就是走自己的路，讓別人去說吧！

第一類學生是學校裡的風光人物，道德和學習的模範，也是學校和老師表揚的對象，學校的大部分獎章榮譽會授予他們。他們與老師走

得很近，是老師教學和研究的好幫手，深得老師器重。他們是積極分子，，他們被公認為最有出息和前途，他們得到所有人和輿論的稱讚。

第二類學生在大學裡瀟灑浪漫，享受過癮，大學是他們玩樂的天堂。但是畢業之後，往往高不成低不就，難以抒懷。

第三類學生在為某個長期的目標而默默積蓄力量。他們在某個方面下了很大的功夫，並積極進行社會接觸，以便進行互動和彌補。他們的生活忙碌而充實，他們信念堅定，幾乎可以說執著和偏執。他們清楚地知道自己的人生方向，但他們很可能面對來自父母和親友的質疑和不理解。這成為他們最大的心理壓力。

畢業後，大多數情況下，第一類學生或許成了研究生，繼續深造。第二類學生忙著找工作，他們的職位往往不夠好，薪水往往不高。第三類學生可能成為了很專業的研究生，也很可能成了職場新秀，領著不錯

的起薪。

等到再過十年或是二十年後，你會發現，第一類學生和第三類學生的生活、事業都步入了較穩定的時期。他們大多建立了幸福的家庭，事業上卓有成就，是企業的高級管理精英，政府事業單位的骨幹，教育科研部門的尖端人才。第二類學生的現狀往往與其相反，仍舊徘徊在小公司的中、低層，被個人問題和家庭責任壓得喘不過氣來，要嘛甘於現狀得過且過，要嘛氣急敗壞做出極端的事來。

第一類和第三類學生，一般意義上都算是成功者，當然從資產方面來看，第三類學生往往比第一類學生富足。應該很少有人會願意成為第二類學生，但是往往第二類學生佔了絕大部分，他們通常好逸惡勞，盲從，沒有什麼方向。

一個人的主觀能動性，往往決定了一個人的一生。

# 好好學習，年年獎金

莫問劍劍身長兼富彈性，變化無窮，招式變幻難測。心法重劍略，有劍氣，輕易不殺，使用者需智慧與內涵。

古人學而優則仕，今人學而優則成為社會中流砥柱。社會的穩定運行需要完善的制度和法律，而社會向前發展則需要有學問的人的探索和貢獻。

在武林，混出聲望的傳統而經典的方式是投身名門，從打雜、勞役，到入門弟子、小師弟、大師兄、武林新秀，最後甚至於武林盟主。一步一步嶄露頭角，讓人們交口稱譽。

在現在，傳統而經典的教育體系是好好學習，小學、中學、大學、碩士、博士一路高歌，然後謀就一個很好的職位或者開展一項很好的事業，這樣的人渾厚正統，富有魅力，是成功人士的典型代表。

先來看看這個人的求學經歷吧！他在1981年考入北京清華大學物理系；1986年考取李政道獎學金，憑著這份獎學金赴美國留學；1993年，獲麻省理工學院（MIT）物理學博士學位。

這樣的一份學歷，就算是在留學生中也是頗為突出的。而依靠著優秀的學習生涯，他在1996年獲得了風險投資的支持，創建了愛特信公司，成為中國第一家以風險投資資金建立的網際網路公司。

1998年，愛特信更名為搜狐公司。之後，搜狐以嶄新的面貌和強勁的動力爭取了四次融資，於2000年在美國納斯達克成功上市。到了今

天，搜狐已經成為了中國大陸的四大入口網站之一，也是中文世界最強勁的網際網路品牌，對網際網路在中國的傳播及商業實踐做出了傑出的貢獻。而搜狐的老闆張朝陽，也成為了學而優則富的代表人物，是學業有成、功成名就的典範。

一般來講，學習很好到輕鬆拿博士學位的人，其求學經歷和過程大致相似，一般都會由東方到西方遊學一遍，熟悉國內和國際形勢，往往具有責任擔當意識和積極開拓能力。他們吸收了西方的先進知識和前沿導向，又熟悉東方社會的特殊環境，更能做出一番事業。

張忠謀是一個比較典型的學者型企業家，身為臺灣積體電路製造公司的創始人，他開創了半導體專業代工的先河，是廣受尊敬的晶片大王。

張忠謀1949年赴美國留學，1952年獲美國麻省理工學院機械系碩士學位，1964年獲史丹福大學電機系博士學位，接受的是正統的高等人才教育。而正統的教育，也培養了這個在半導體業具有突出貢獻的企業家。

學業有成的張忠謀達到了什麼樣的成功高度呢？1972年，為公司做出突出貢獻的張忠謀，升任德州儀器集團副總裁及半導體集團總經理，是最早進入美國大型公司最高管理層的華人。而在1985年，心繫臺灣的張忠謀辭去在美國的高薪職位，出任臺灣工業技術研究院院長，引導了臺灣半導體業的崛起和產業升級。同時在1986年，在半導體行業打拼多年的張忠謀，創建了全球第一家專業代工公司——臺灣積體電路製造公司，在張忠謀的帶領下，臺積電迅速發展為臺灣半導體業的先驅。

一生在半導體業鑽研探索的張忠謀，為整個世界的半導體業的發展

貢獻卓越，被美國媒體評為半導體業五十年歷史上最有貢獻的人士之一和全球最佳經理人之一。

其實從廣義資產角度來看，學習能力突出的人，其本身的學習能力就是一項優良資產，隨著學習的推進和聲譽的擴大，這項資產就會幾何級數放大，能力越強的人，越有機會成為某一方面的領袖人物。

這些學習經歷和成功履歷，是一般人所夢寐以求的，當然也是一般人所不能及的。也不能要求每一個人都能達到如此水準，但是張亞勤是一個榜樣，他能告訴大家，努力學習，專心研究，必然會有一個很好的回報。

我們都知道，蓋茲、卡內基等人物，雖然休學創業，但在學習方面，本身也是極其優秀的，不然也不可能進入哈佛大學學習。休學創業的人很多，因為他們發現了比學習更能實現價值，更能獲得成功的項目。學習本身是一項投資，但如果有更好的投資項目，積極轉向，獲取更大的成功和回報，這也是值得考慮的。

Google創始人謝爾蓋‧布林，也是如蓋茲、卡內基一樣的另類，同樣的中途休學，投向創業的懷抱，轉而成為產業鉅子。

謝爾蓋‧布林出生在前蘇聯一個猶太人家庭。五歲那年，舉家遷往美國，開始接受美國式的教育。布林的祖父和父親都是數學教授，出生數學家庭的布林繼承了家族優良的數學天賦，展現了超過同年齡人的理科才能。布林從小就對電腦有著濃厚興趣，他在小學一年級的時候，電腦才開始出現在美國的一般家庭，布林對電腦進行了如同頑童對玩具的研究，設計出了一份電腦列印輸出的方案，讓他的老師連連稱奇。

　　布林的學習能力和研究天賦伴隨著他的學習歷程，中學畢業後，布林考入馬里蘭大學，攻讀他喜歡、也是他父親所希望的數學系。布林的父親有著一般教授的嚴謹而傳統的思維，他希望自己的兒子能夠在數學上有所造詣，能夠拿到博士學位，然後成為一個跟他一樣的數學教授，在數學領域有所研究和貢獻，平淡而充實地走過一生。

　　然而布林卻不是一個中規中矩的「好孩子」，他有著天才般的能力，也有天才般的不規矩和出人意料。布林在大學畢業之後進入史丹福大學，史丹福大學讚賞他的能力，特別允許他可以免讀碩士學位而直接攻讀博士學位。這個「跳級」的電腦博士學位攻讀者對學歷似乎不感興趣，而是迸發了創業熱情。布林選擇了休學，與同學兼好友拉里‧佩奇一起研究電腦數位檢索，創立了網際網路首屈一指的搜尋引擎Google。

　　雖然布林至今還未能完成他的博士學業，但他非常傾向於招收那些有著博士學位的人。在Google公司2,000名員工中，擁有博士學位的人超過100人。

　　你可能會說，王永慶、李嘉誠等小學生不一樣成了「經營之神」、「亞洲首富」嗎？是的，我們也講過，財富跟學歷並不是對等的。但是，不可否認，學習很好的人，獲得的知識更多，往往有很大的機率取得很好的發展前景。整體來說，在富豪人群中，學歷高的畢竟是多數。你可以選擇走少數人走的路，但是，無疑走多數成功者的路，讓你的成功機率更大。所以，如果你還不知道你要做什麼的話，好好學習吧。

# 專業出色，能力支撐

莫問劍劍身長兼富彈性，且劍身呈黑色，此劍使用時招式變幻無窮，讓敵人難以招架。劍氣逼人，如遇雨天或空氣中飛塵，揮灑自如、氣勢磅礡，有以劍當槍的驚人威力。

莫問劍主傅青主進能成為刑部官員，退能成為天山七劍之首，一定是有他過人之處。那麼他有什麼過人之處呢？經歷豐富、俠義、充滿智慧、劍法卓絕、不輕易出手、出手則招招殺著。

很顯然，傅青主有一手高超的劍法，所以他是一個優秀的劍客。劍法是一個劍客的專業技能，是衡量一個劍客強與不強的標準。同樣，每一個職業都需要其專門的職業技能，你技能的高低，也就決定了你在這個職業上的發展前景。

許多大學生的規劃都是大學畢業後找一份好工作，然後逐步發展，得到一個比較好的社會地位。找工作，與公司簽訂協議，相當於把自己未來一段時間賣給了公司，但是同是一個學校一個科系的學生，賣的價錢卻大不一樣，有人年薪百萬，有人可能僅夠生活。

從商業貿易角度來說，在大學好好學習幾年，掌握一門比較深厚的專業基礎，然後到社會上賣一個好價錢，是一件穩妥而且划算的事情，也是一項很值得的、有潛力的投資。

一般專業能力非常出色的人，都希望自己能夠在這一方面做出比較好的貢獻，而創建自己的企業，是實現這個想法的很好的路徑。

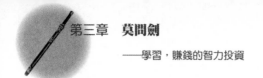

　　比爾‧蓋茲是微軟的創始人，是世界首富，這是一件大家都知道的事情。但世界首富這個光環太大，很多時候人們會忘記了，蓋茲其實也是一個優秀的程式設計師。

　　蓋茲中學生涯是在西雅圖的私立湖濱中學度過的，在那裡，蓋茲發現了他在電腦軟體方面的興趣。

　　在蓋茲上中學時，擁有電腦設備的單位還少之又少，因此蓋茲的學校所購得的一臺終端機就顯得彌足珍貴。蓋茲對這臺終端機充滿了興趣，一有機會就鑽進電腦室，操作那臺終端機，演練編程等技術。十三歲那年，美國太空人阿姆斯壯和艾德林乘登月艙踏上月球表面，蓋茲懷著對登月的嚮往，編了一個登陸月球的遊戲軟體，這也是他編寫的第一個電腦軟體。

　　正當蓋茲對電腦癡迷到極點，編程技術也日漸熟練時，學校因為沒錢支付高額租金調走這臺電腦，蓋茲不得不為找一臺電腦苦惱。最後在堅持不懈的努力下，他謀得了一份在CCC電腦公司兼職的工作。工作的內容就是每天晚上去電腦公司抓Bug（電腦軟體的故障）。對蓋茲來說，這並不僅僅是一份工作，更是接觸電腦的一次絕佳的機會。他廢寢忘食地待在電腦前，除了工作，他還把其他軟體和程式都仔細的研究了一遍又一遍，電腦才能初露頭角。

　　十五歲時，一家信息公司慕名找到蓋茲，想要蓋茲和他同學保羅用他們的軟體技術為公司服務。在不能支付未成年人工資的法規下，公司答應給蓋茲和他同學一年的時間接觸電腦，而這正好是蓋茲和他同學最希望得到的交換條件。就這樣，蓋茲有了更多的機會使用電腦，對電腦軟體和硬體的研究愈加深入。在此期間，他為學校設計了一套排課用的

電腦軟體，解決了排課的問題。1973年，蓋茲和保羅更是幫助TRW公司消滅了管理水庫電腦監督控制系統程式中的Bug，使該公司順利完成既定項目，挽回了鉅額的損失。

在學習和實踐中，蓋茲的軟體發展技術得到極大提高，對電腦的興趣也越來越濃烈，興趣加上專業能力，成就了後來的微軟，也造就了世界首富比爾‧蓋茲。

我們可以看得出，蓋茲對學習軟體編程的熱情，應該不亞於現今大學生玩線上遊戲打電玩。是的，如果我們的大學生能將玩遊戲和學習的熱情對調，這個社會應該先進得多。如果蓋茲沒有優秀的軟體編程基礎，當然就無從談起開發Windows作業系統，更不用提創立微軟帝國了。

其實從古至今，那些累積了巨大財富並名垂青史的人，都有其過人之處，僅僅依靠幸運女神是難以長久的，依靠自身能力才有保障。

春秋戰國時代的范蠡是一個卓越的政治家，精通治國方略。除此之外，他還博學多才，有著極其敏銳和系統化的經濟思維，他的經濟智慧為他贏得巨大的財富，也使他成為中國富翁的代名詞。

范蠡的一生讓無數人羨慕不已，他治國有方，有極好的政治聲譽；他情感豐富，有美人西施作伴；最重要的是，他具有天才般的經商才能，富貴終身。

可敬之人必有其過人之處，范蠡有忠臣的氣節，國家被滅不會隨波逐流，而是輔佐君主，臥薪嚐膽，再圖復國。范蠡更有智者的敏銳，國家昌盛時能及時功成身退，韜光養晦，以免惹禍上身。范蠡看透歷史與

人性，知道「久受尊名，終惹禍端」，於是辭官散財，趨利避害，保全了自身。

　　范蠡在數次遷移之後，來到了陶，變易姓名，自稱為陶朱公。在那個時候，陶位於齊、魯、魏、趙等國的結合部，是一個樞紐位置。更難得的是陶是一個資源豐富交通便利的所在，前有闊湖，水路運輸可到中原各地；中有良田，旱澇保收，產出豐厚；後有峻山，草木蔥鬱，物產豐富。可說是難得的發跡之所。范蠡一眼就相中了這個地方，在此隱居下來。他在湖上養殖魚鴨，在田中廣播良種，在山上畜牧種樹，沒過幾年，日子就豐盈起來。

　　這時候，陶朱公的卓越商業才能開始展現。他用「積著之理」研究商品過剩或短缺的情況，瞄準物價漲跌的時機，低價買進高價賣出；他講究貨物和現金流的週轉，在山前大村莊、湖屯碼頭設立雜貨店鋪、作坊、旅店、錢莊等，使這裡成了各國商人集居的交易中心；他用「計然之術」探索經濟活動水準起落波動的過程，雇用有才能的賢德之人，把產業商貿管理的井井有條；生意做大之後，范蠡更是從宏觀調控方面，對他的商業王國提出「旱時，要備船以待澇；澇時，要備車以待旱」的預算、管理、經營主張。

　　范蠡的商業才能盡情發揮，經營有方，家產滾雪球般地增大，累積了億萬的財富。在晚年，范蠡再次功成身退，把經營的產業託付兒孫，他則開始盡情地享受生命中剩餘的時光，在陶山選擇一個水抱山環、泉美林秀的位置，和伴侶西施在此幽棲隱居，從此西施浣紗，自己漁舟唱晚，度過了溫馨的後半生。

　　從古至今，走向富裕的道路趨於同化，富人敬業樂業，要嘛勇於追

求、堅持不懈，要嘛術業有專攻，在某些方面下了苦功，沒有人會平白無故的成為富翁——除了繼承遺產或者中了頭彩，但這畢竟可遇不可求。如果你想在你的專業技能方面有所發展、有所收穫，那麼，至少你在這一方面比一般人是要擅長一些的，或者說，你必須比大部分的人擅長做這種事情。

那麼，怎麼樣才能擅長呢？簡單的說就是，怎麼樣才能學好專業技能呢？

首先要有職業規劃，應該是從大一開始就制訂合理可行的職業規劃，並為這個規劃不斷努力，做好充分的就職準備。都說大四是找工作的關鍵，其實並不全對。大學生在畢業時所找到的工作，並不僅僅是在大四所付出的努力的成果，而是在整個大學階段所付出的努力的成果。大學生沒有樹立謀業意識，就不會提前為就業做準備，進而也就影響了大學生在畢業時的就業抉擇和未來的職業發展前程。

同時，還要講究學習的技巧。單憑勤奮和刻苦精神是不夠的，大學階段的學習更具有前瞻性和規劃性，要在掌握學習規律的基礎上制訂出學習的規劃和計畫，這樣不但有利於提升專業知識水準，更能培養了規劃能力，符合社會的需求。

再次，就是要珍惜時間。擁有時間是大學生的優勢，但把握時間才能把優勢轉化為實際價值。要讓自己的專業修煉到爐火純青是需要大量時間的。學習就如同投資，成本不菲，處理不當不僅一無所獲，還傷神費心，悔恨不已，甚至可能影響一生的命運。

大學教育之所以被稱為高等教育，從某種意義上講是因為，大學階段是培養有知識、有能力的高科技專業人才的重要環節。要想專業出

色，不花點功夫是不行的，大學四年，首先要加強專業理論基礎，其次要將理論知識轉化為實踐運用能力。這個轉化的過程需要不斷反覆實踐，具體來說就是透過實習、社會活動等環節來實現。正如當下很多企業招募時會問面試者在大學期間參加過哪些社團活動一樣，透過這些社團活動經歷，他們可以考察一個學生的學習能力和適應社會的能力，整體來說就是學生的專業水準。知識加社團活動，智慧加毅力，才能體現個人的整體專業素質。

# 遍地插柳，方向待定

晦明大師第一次見到傅青主的時候，傅青主倒在沙漠中，身上有官服，他救了傅青主，兩人沒有講什麼話，晦明大師把劍修好，還給傅青主。

嚴格來講，傅青主並不是那種沒有方向的人。傅青主是一個史實人物，歷史上的傅青主，其實和《射鵰英雄傳》中的黃藥師倒頗有些相似，是一個天才型的雜家，他仙風道骨，魅力出眾，至情至性，情感豐富。其博學多才，令人讚嘆，當時人就稱讚他的學問像大海一樣廣博，可以說是個百科全書式的學者，在經學、先秦子學、佛經道藏、醫學、書法、繪畫、詩詞、音韻、訓詁之學甚至武學等各方面都有較深造詣，其涉獵之廣、成就之大，在世界上也是不多見的。特別是他生活在明末清初的戰亂不穩之際，「著述無時又無地」，能取得這樣的成就委實是奇蹟。

當然，要達到傅青主的水準應該是需要點天賦的。通常一般人只能掌握一個方面的技能，特別在分工日益精細化和競爭日益白熱化的當代社會，能在某一方面有所造詣都需要多年的努力和累積，涉足多個領域幾乎是不可完成的任務。不過，眼裡只盯著自己的工作，而不瞭解其他行業及社會發展動態的人，也極易被社會拋棄，所以我們提倡的是一專多長的新型人才，提倡的是「術業有專攻」之後，再謀求全面發展自己。

那些在學校這樣也做那樣也做，什麼都瞭解，什麼都不精通的人，

可能會給人一點「萬金油」的感覺。多數人覺得這樣的「萬金油型」會給人不專業的觀感，都希望極力避免，但是，就市場環境來看，當市場對人才的要求越來越複合型時，一個只懂得某一具體職位工作職能的人，是很難適應社會多樣化和變化複雜的現狀的。而「萬金油型」的大學生則不同，他們沒有一個固定的職業定位，能夠全方位接觸到公司的營運和慣例，反而能夠獲取更多的工作經驗。同時，這類型的大學生在遇上跳槽或者更換職位的情況時，更能適應新的工作，也不會對自己的發展前景有所侷限，而僅限於某一職位的。可見，遍地插柳，什麼都來的「萬金油」大學生也許在某些地方還有優勢。

畢業將近，Juliet和Amy參加了同一場招募會，結果Juliet謀得了一個在著名外商工作的職位，Amy只是找到一份在民營小公司的工作。

Juliet所在的外商部門分工明確，各個職位都有一套完整工作流程。經過培訓後，Juliet很快熟悉了這套工作流程，開始了日復一日、月復一月的工作，除了每天穿著套裝，出入高級辦公大樓讓她的一點虛榮心得到滿足外，並無太多生活上的突破。

而Amy的公司以研發和技術為主體，像她這種的行政人事人員只有幾個，每個人都身兼數職。從維護辦公室的清潔衛生，幫老闆端茶倒水，到向商家討價還價，再到與工商稅務局打交道，Amy漸漸練就了一人身兼數職的分身術，在忙碌的工作中不知不覺鍛鍊了多方面的工作能力。

適逢經濟危機，Juliet被公司裁掉，重新開始了找工作的旅程。雖然有著著名外商的工作經歷，但是她很難適應其他公司的工作要求，所熟悉的還是原來企業的工作流程，而且除了自己所負責的工作，其他方面

幾乎一無所長，找工作方向不明確，難以得到企業認可，任何一個職位對她來說都還需要重頭學起。相反，Amy這時已對自己的行業有全面的瞭解，在銷售、行政、財務各個職位上都累積了豐厚的實戰經驗。具備獨當一面的工作能力，很多家企業發出盛情的邀請函。當再次面臨選擇工作的時候，不再處於被用人單位挑選的被動地位，而有了自己挑選工作的餘地。

理論上來說，「萬金油」其實也代表了一種綜合素質，只要有了機遇，假以時日，「萬金油」更容易鍛造成為企業所需要的人才。但是「萬金油」由於沒有精通的方向，在本質上所包含的價值較低，常常是只能滿足低階職位的需求，這是很短缺的一個方面。

所以，有可能的話，還是讓自己做到一專多能，既是「金剛鑽」也是「萬金油」，打造不敗之身，當然，這是需要努力的。

四

青干劍

# 賺錢七劍之

# 青干劍

## 節儉，守財等候投資

---

——「青干」，一把看不見鋒芒的劍，劍身能折射鋒芒讓對手看不見鋒芒所在，故能藏進鋒芒以盾為鋒，以防為守。

——「節約」，省儉、節制、限制、約束。最低的經濟成本支出，取得最大的經濟收益。

——青干劍，晦明打的最後一把劍，劍以隕石煉成，青銅感覺，表面不平，劍身有菱形反光鋼珠，揮耍時呈彩虹光暈，可折射光線，是克制遊龍劍的兵器，也是最高防守兵器。

——節約，絕非一般意義上的少花錢甚至不花錢，而是用其所用，花其所花。長此以往，以一種自覺而為的行為，帶來意想不到規模的效益。

——青干劍，劍身發光，光線四散，極為鋒利。看不清劍鋒在哪兒時，劍鋒已到，令人避無可避，防不勝防。

——節約，節不是弱，而是容，是收，是「無為而無不為」，是轉變理財觀念的新思路。理財不僅僅需要賺錢的攻勢，也需具有守財的大智慧。以守代攻，則能化剛為柔，造成克勢。

## 第四章　青干劍

——節儉，守財等候投資

# 充分利用免費資源

　　楊雲驄是天山七劍鑄者晦明大師的徒弟，為人俠義，他手中的青干劍是七劍中最正義的劍。在擊敗了叛徒丘東洛之後，他對其產生憐憫之心，決定放其一條生路，想不到丘東洛以怨報德，竟突然施襲，致其受傷。最終，青干劍不得不結束丘東洛的性命。

　　青干劍做為可以抵擋天下所有鋒利武器的劍，人們對其具有充分的信心。同時做為最正義的劍，又能讓人感到安心。青干劍即使跟遊龍劍鬥起來，也能隨意碰觸，全力相向，得心應手，完全不必擔心有折斷的危險，就像使用一件免費的東西一樣，沒有負擔。

　　大學是一個有很多免費東西的地方。充分地利用這些免費資源，你不但能夠獲得很多，還不用資金的付出，真在是不可多得的機會。

　　一般來講，大學的免費資源有：

　　**1、學習方面：老師、圖書、文獻資料、講座、研討會等等。**

　　**2、生活方面：影音共用、資訊、團體活動、器具共用、免費諮詢等等。**

　　**3、補助獎勵：各種獎助措施、工讀機會，特別是對弱勢家庭、貧困學生的各種措施。**

　　能否發現並充分利用學習方面的免費資源，是衡量大學學習能力的一個重要標準，也是為自身省錢的好途徑。因為大學學習和中學學習有

很大的不同，大學課餘時間增多，各種學習資源也是完全公開地對學生免費提供。在大量空餘時間泡圖書館，聽名師講座，無疑是獲取知識和資訊的最佳方式，用最省錢的方式為未來做了一筆可觀的投資。

而對生活和資助方面的資源，大學生應該積極探索，全面瞭解，對提升自己的生活品質有絕對好處。特別是貧困學生，應該詳細瞭解各項補助措施，積極申請，這對減輕自己負擔，完成學業，有莫大的幫助。

對免費資源的發現利用，是不僅僅侷限於校園的，也不僅僅侷限於「不給錢」，而是立足於「以對自己幾乎免費或無用的東西去換取很有價值的東西」。而如果換取的東西能夠給自己帶來極大收益的話，就成為了一個利用無本生意賺錢的典型。

就讀機電系的Kevin有一顆水手般漂泊的心，對遠洋航行有一種莫名的興趣，畢業之後，Kevin在遠洋海運公司找了一份機電維護的工作，以實現自己遠航的夢想。之後他隨著遠洋輪船東奔西跑，幾乎行遍全球主要港口，見多識廣，極大地豐富了自己的閱歷，增長了見識。

每當輪船航行到一個港口，Kevin並不是跟其他水手一起去逛商店、泡酒吧，而是細心地觀察當地的風土民情、社會生活。有一次，Kevin他們的船在美國的佛州港灣卸貨，並做短暫停留。Kevin在跟當地漁民的交往中發現，由於當地人不喜歡吃鮮貝，鮮貝銷路不暢，價值較低，幾乎被漁民視為垃圾，漁民們都是把捕撈上來的魚留下賣掉，而把鮮貝倒回海中。而且由於當地對鮮貝的捕撈較少，所以鮮貝都很大，這讓身為臺灣人的Kevin眼紅不已。因為大號鮮貝在臺灣算是極品海鮮，價格相當貴。Kevin瞧準了這個機會，用輪船上值不了多少錢的零散貨物跟漁民交換，讓漁民把鮮貝送給他。因為鮮貝本來就會被扔掉，當地

漁民樂於做個人情，於是Kevin在短短幾天時間內，就收集了一大船的大號鮮貝。Kevin他們把一大船的免費鮮貝運回臺灣，正值海鮮漲價，Kevin大賺一筆，攫取了人生的第一桶金。

嚐到甜頭的Kevin從此更加積極關注遠航中那些隱藏著的無本萬利的生意。有一次，Kevin他們航行到墨西哥海灣的一個港口，當地港灣盛產海馬，民眾對海馬見慣不怪。而海馬在中醫學上是一種很名貴的中醫藥材，在臺灣售價很高。Kevin抓住這個機會，用船上的零食跟當地的小孩子換取曬乾的海馬。孩子們爭先恐後，把一桶一桶的海馬倒在沙灘上，曬乾了拿去給Kevin，圍著他要零食。於是Kevin搜集了一大批海馬，運回臺灣，再次轉手大賺一筆。

以幾乎絕對低廉到免費的費用，換取極具價值的東西，這是最划算的生意。很多人都夢想能得到這樣的好處，但這樣的機會卻不是人人能夠發現的，因為大多數時候，免費的東西附加價值較低，難以讓人滿意。或許使用免費的東西以節省一些支出，或者是佔一點便宜，是大多數人現實的想法。

免費的東西因為不用錢，所以很多人會嚐試，並不是「天下所有免費的午餐」都值得品嚐，在吃著免費的午餐時，特別是社會上的「免費午餐」時，應該進行理性的思考：天下真有這樣的好事？這些人有什麼目的？有什麼企圖？多保持點疑問的精神，才能免受欺詐，免於觸碰陷阱。

Ada跟大多數女大學生一樣，熱愛美麗，對美容、瘦身等項目興趣盎然。所以當那天看到那家養生美容會館刊登了徵求儲備幹部的廣告之後，她立刻就心動了。

到了公司後Ada被告知，她需要先加入公司的會員，之後才能轉為服務人員。而成為會員的要求是，她必須購買該公司的「養生套裝」，而這個服務，可以在它們公司所有養生會館享受，包括基礎的美容護膚，以及高壓氧艙、大腸水療、健康SPA等各種高科技美容瘦身項目。

聽到這Ada有些心動了。這時，公司的工作人員又一個勁的推銷說，除此之外，他們還會定期贈送免費的皮膚測試、美容護理和高檔美容產品。Ada覺得這些條件很誘人，但是4萬元的費用還是讓她覺得太高了，畢竟她還只是大四的學生，沒有自己的經濟來源。知道了她的猶豫，公司的工作人員告訴她說可以辦信用卡，然後再刷卡購買。為了堅定她的信心，工作人員還告訴她可以馬上為她做一次免費的美容護理，讓她體會一下。

做完美容護理，美容師說了一大堆Ada皮膚上的問題，並強調她需要長期的皮膚修復療程。被美容師的許多專業術語一說，Ada有點迷糊了，覺得人家說的很有道理，條件又很誘人，便辦了一張卡。

過了幾天她才意識到，自己被騙了，可是已經為時已晚，她也只好自認倒楣，提醒自己下次小心了。

社會龍蛇混雜，很多的城市都有這樣的陷阱銷售，或許不能說是純粹的欺騙，甚至常常讓人心煩氣躁，但是往往能從人群中套出錢來。一般是先用比較低的價格或者免費的幌子對顧客進行誘惑和誘導，但在接下來的服務過程中設置圈套，讓人避無可避。大學生涉世未深，又有一定的消費能力，在別人的威逼利誘下，多數人難以做出有效的抵抗，往往偷雞不成蝕把米。

第四章　青干劍

——節儉，守財等候投資

# 減少非必要支出

青干劍奇鈍無比，非極鋒利，可抵擋天下最鋒利的武器，可克制遊龍劍，是最高防守兵器。

從武學上來說，只講究進攻則鋒芒太盛，往往激盪局勢，難以控制；而只講究防守則過於被動，往往被牽制，難以造成威脅。但是，如果防守一方對抗的是天下最鋒利的劍，能夠處於不敗之地，就可以從防守中尋找機會和漏洞，消耗對方力量，尋找攻擊機會，反敗為勝。

發動攻擊是很消耗資源的，所以「兵馬未動，糧草先行」，少攻擊幾次，就能積澱很多的糧草，殷實自己的家底，壯大自己的實力。

理財，亦當如此。養精蓄銳之法中，節儉就是積澱資本的一條好路，減少非必要的支出則幾乎是節儉的全部內容，也是實行節儉的不二法門。

「開源節流」是一般人理財的直覺：錢不夠就增加收入，實在沒辦法就節省支出。很多人把開源當做首要之務，其實節流才是當務之急。

一般情況下，開源要比節流難很多，而且開源具有一定的風險性。所謂治大國若烹小鮮，有些宏觀手段和微觀行動在道理上是一致的，其實個人理財與企業經營也有相通之處。

經濟危機來臨，各大小企業紛紛裁員減薪，甚至凍結和撤銷相關部門，以降低成本，收攏戰線，保住命脈再圖發展。為什麼企業沒有進行開源擴張，想辦法增加收入來源呢？那是因為首先開源需要資源的支

援，在經濟危機條件下，抽取大量資源去進行開源行動，本身就相當困難；其次，在經濟危機條件下，受經濟環境影響，開源所帶來的經濟收益是難以預料的，很可能得不償失；總之，開源的風險大大高於節流的風險。

個人理財也當如此。當受到客觀環境限制，財務上入不敷出的時候，降低生活費用，節約生活成本，節省開支是最容易和保險的行為。沒錢的時候想辦法賺錢是好事，這是一個富人的思維方式。但是賺錢是需要條件的，成本、機遇、時間等等，在沒有擁有這些條件之前，最好的選擇還是節流。節流不僅讓你養成良好的理財習慣，還有機會累積成本，以備開源的需要。

節流最重要的一點是進行消費規劃和選擇合適的消費方式。按照早以習慣的方式開銷，隨時可能超支，為了不至於遭遇財務上的困擾，可以參考一下下面的節省日常開銷的方法。

是的，節省並不是美好的享受，讓「選擇性的消費」取代隨便花錢，並不容易做到，因為當我們改變行為時，會覺得生活上不舒適。但不要放棄，如果堅持到最後而看到滿意的成果，相信你會很樂意將節省當做一種生活習慣了。

**別把錢花在不必要的支出上：**

1、儘量減少在校外餐廳的消費。學校的食物通常物美價廉，完全可以滿足你。

2、到超市購物前先寫下明細單，以避免衝動消費。購物時多看看放在貨架上最上層和最下層的東西，那裡才可能是你想要的便宜選擇。

3、進商店的時候先留意那些你需要的，然後是商店特別推薦的促銷品。

4、不要被物品表面的價格迷惑，要注意看物品的單位價格和單位重量價格。

5、朋友聚會的時候多選擇自助型餐廳，或者可以選擇家裡。在餐廳吃飯時記得向店家詢問折扣。

6、留意服裝上市季節和減價季節。

7、買品質而不是買數量。名牌服飾通常品質無憂，但不妨先關注一下它的折扣。

8、別忘了尋找一、兩家款式不俗、品質又有保證的小店，做為與名牌服飾搭配的購物場所。

9、買衣服的時候不要選擇過於前衛的式樣。這意味著它很快就不能再穿了。

10、不必要拿去洗的衣物，儘量自己動手洗。

11、節約用水和用電，每月將少付很多帳款。

12、跟朋友聊天，盡可能利用免費的即時通訊軟體或者其他便宜方式，少用手機。

13、多動動腦子，用創意讓女（男）朋友高興，而不是花大錢。


以上僅僅是滄海一粟，生活中的節省方式多種多樣，而且是可以隨時隨地進行的。但大學生比較流行「攀比風」，別人有的，自己都要

有，別人沒有的，自己也要有。特別是在異性面前，如果搞點「節省動作」的話，往往覺得丟了面子，失了人格。其實一個人的魅力，在人格力量上的體現比外表和不知所以的耍酷要高許多。很多對這個財富世界發揮著重大影響力的人，都不是只知道花錢的人。

王永慶不僅是臺灣的「經營之神」，也是臺灣的節儉教父，他一生節儉，最忌浪費。王永慶喝咖啡時，把奶精倒入咖啡後，他一定會再倒入些許咖啡到奶球，將殘留奶精涮出來再倒回咖啡，才慢慢享用。王永慶每天做自創的健身毛巾操時都需要一條毛巾，而這條毛巾已經幸運地與這位億萬富豪相伴二十七年了；王永慶也愛好跑步，他的一雙慢跑鞋經過多年的磨損，已經開口笑，但他總是讓女兒縫補後繼續穿；王永慶使用的肥皂從來沒留下一點殘渣，就算剩下一小片，還要粘在新的肥皂上繼續使用；做為富豪身分的代表，王永慶出行所乘坐的車二十年來從未曾變換升級過，成為王永慶一生節儉的最佳典型。

曾經的亞洲第一富婆龔如心，身價達300億港元，但其每月支出僅為其資產的千萬分之一，即區區的3,000港元，龔如心日常生活的節儉，由此可見一斑。龔如心的穿著在香港富豪中算是獨樹一幟，她絕不追逐潮流和名牌，偏好自行搭配，穿普通的、自己喜歡的衣服，雖然已經年邁，但是穿著卻充滿朝氣、運動感強。龔如心不愛上街，也不喜歡買東西，身為一個女人，包包是必不可少的，但是龔如心自己不會去購買價值昂貴的名牌包包，她的包包多數是朋友親手做給她的。龔如心坐的車是很普通的，她的4部車裡最好的是一輛凱迪拉克，比對一些富豪的頂級豪車，可見其對坐車的態度十分隨便。不僅穿著和行路，龔如心對吃更是盡可能節省，山珍海味在龔如心的眼裡，幾乎是自己的肉一般，難以入口，在進餐時間，常常是她一個人在房間裡吃點家常小菜，

能夠吃飽就算是滿足。

　　有聲望的人，往往能夠做到如此勤儉持家，讓人覺得難能可貴。有時候，我們可以看到，有些人一輩子沒賺過什麼大錢，也沒撿到天上掉下的禮物，沒有富貴親戚的財產繼承權，但是終生不缺錢花，不為錢煩惱，達到了財務自由。而這一切，都來自於他們良好的開支控制。美國一個「富婆」說：「人們總認為我賺的不過是些花生（蠅頭小利）。的確，但我卻一點一滴將它們儲存下來，時日一久，花生就變成花生醬了。」她的「花生醬」目前價值50萬美元，每年幫她賺取大約5萬美元的利息。而這一切，正是在基金管理人的指導下，將瑣碎零星的財富累積起來，最終達到了財務自由的結果。

　　這位基金管理人叫布萊特‧麥克蒂格，是美國華爾街一個響噹噹的人物。他是華爾街成功的基金管理人，同時也是美國廣播、電視投資節目的著名主持人。麥克蒂格在理財、投資和經營致富等方面有很深入的研究，分析透澈，見解獨到，在美國金融業甚有影響。麥克蒂格還經常發表言論，著書立說，教導人們如何致富，是一個成功學專家。博學多才的他甚至設計了一款投資軟體，在美國金融界流行一時。麥克蒂格致力於提高大眾的理財投資眼光和技巧，為了鼓勵更多的金融人才，他成立了麥克蒂格獎學金，獎勵並協助年輕人進行金融投資實踐，提高投資技能。

　　在理財投資過程中，麥克蒂格發現了一個讓他感到奇怪的現象，也是困擾了那些勤懇勞碌而不得的人一生的事：有很多人一生勤奮，努力賺錢，但是最終卻沒有足夠的資產以安度晚年。麥克蒂格對這個現象進行了跟蹤調查和歸納總結，透過積極研究，他得出的結論是：一個人是

否富有，並不在於他收入的高低，而在於他能節省多少錢。

所以我們常常可以看到，很多人衣著光鮮，行為瀟灑，但是其實並沒有多少存款。很多人普普通通，簡單隨便，但往往是隱藏的富人。富人是知道節制的，不然他做不了多久時間的富人。富人的生活不在於奢侈，而在於找到生活的意義。量入為出，生活簡單，花費更簡單，是常見的富人生活方式。履行節儉，則意味著賺多花少，進而達到致富的目標。

如果我們廣義來看的話，節儉就如同健身、減肥。為了健身你會不斷運動，捨棄早上溫暖的被窩而奔向太陽；為了減肥你得控制自己的食慾，堅持進行減肥療法。健身和減肥不會很快看出成果，但是你堅持不懈，一段時間之後，你會得到驚喜。節儉亦是如此。

當然節儉並不是僅僅節省下錢，以供日後揮霍，而是為了一定的投資理財目標，節省錢財做為啟動資金。麥克蒂格認為「節儉」之道的成功關鍵在於：你的犧牲應該也有所得。也就是說，若你有意放棄追求某些事物，就必須讓自己有這種定力，把省下的錢轉為投資。

金融危機來臨之時，

## 第四章　青干劍

　　——節儉，守財等候投資

很多人開始心慌起來，不得不採取一些節儉措施：比如以前經常在外面吃飯，現在則每週只有一天可外出吃飯；比如只在大拍賣時添購服飾，不一味地追求最新款式；比如較少上電影院先睹為快，而是在家觀賞隨後上市的DVD。在養成節儉習慣之後，人們會發現，自己生活品質並沒有減少多少，相反，看到從以前的月光到現在略有結餘，還是頗為滿意的。

　　對待金錢通常有兩種態度，要嘛花錢如流水，要嘛節儉以度日。花錢如流水就像演奏搖滾，轟轟烈烈、熱血沸騰，但是熱情很快過去；節儉度日就像唱一首校園民歌，輕鬆優雅、不疾不徐，給人浪漫和感懷。你是想要過一把癮就死，還是持久的溫馨？不同的人有不同的選擇，同一個人在不同階段也有不同的選擇。但是，我們應該認識到，生活本身就是一個細水長流的過程。

　　從效果上看，理財就如同魔術，可以從沒有變有，從少變多。不同的是，魔術用紙變錢，理財用錢變錢。理財的錢從何而來？省錢就是理財的基礎。

# 有優惠值得考慮

　　青干劍是晦明大師打的最後一把劍，劍以隕石煉成。青干劍有青銅感覺，表面不平，有顆粒感覺，可以折射光線。劍身有菱形反光鋼珠，揮耍時呈彩虹光暈。

　　七劍都有其特質，如果只是按照一般劍法使用，也僅僅比一般的劍高明一點而已，而若按照其特質進行發揮，則威力無窮，效果驚人。

　　節儉也有其特質，一味的做守財奴，當然少了許多人生樂趣。但是若從節儉中發現一些門道，並利用這些門道得到了很好的效果，那你將發現更多的人生樂趣。

## 新節儉主義

　　在金融危機影響下，新節儉主義開始大行其道。新節儉主義並不是一味的節省，而是該節約的要節約，可以奢侈就奢侈。不降低生活品質，但是保持生活的簡單。比如說卡拉OK，晚上黃金時段的消費自然是價格不菲，如果想唱可以在早上打折時段，盡情暢快一把。比如購買電腦，購買組裝電腦和品牌電腦的價格是有較大差距的。品牌電腦可以讓你少了許多擔憂，獲得消費保障的快樂；但組裝機的自主選擇也讓人充滿期待，一臺高性能的組裝機，價格不高而又運行流暢，值得一試。

　　新節儉主義不需要為了維持生活的最低水準而精打細算，而是理想消費，充分考慮性價比和優惠因素的高質選擇。

## 第四章　青干劍

——節儉，守財等候投資

## 團購批發的力量

　　團購要取得一定優惠，跟商家「薄利多銷」的行銷策略不可分離。商家為了減少無形損耗，希望在新的競爭對手出現前，盡可能多的銷售出自己的商品，所以才會制訂出團購的優惠政策。而身為大學生，生活在學校這種集體環境中，很容易湊足十幾個同學，團購商品或是組團參加某些活動，既有效利用了商家的優惠政策，又能使本來就不充足的學會經費得到合理支配。

　　常見的團購包括購買電腦、印表機、文具等學生常用品。除此之外，集體旅遊也是當下時興的大學生娛樂休閒方式。部分旅行社在寒暑假，多半會專門推出學生團體旅遊大優惠的活動。利用這些機會，對於經濟本來就不寬裕的大學生，可以省下不少的費用。所以相信集體的力量，就會得到更多單獨個體無法體驗到的經歷。

## 學會利用時間差

　　社會節奏變快，時間效應明顯，而學會利用時間差則可以省下很多錢。

　　愛消費又不是很有錢的大學女生，多半對這個時間差效益理解得比較徹底。她們通常會選擇換季的時候出動，因為換季時的衣服最便宜。所以快到秋天時她們買夏天的衣服，快到春天時買冬天的衣服，反其道而行之，來年再穿也不過時，還為自己省下一大筆錢。

　　另外日常生活中，時間差對人人都有效。錯開季節購買空調風扇等，可以節省不少開支。據統計，如空調、風扇淡季與旺季的價格最多可以相差25%左右，比如如果你在秋季或者冬季買一臺一萬元左右的空

調，等於在夏季買一臺7,500元的空調，節省了2,500多元，是一筆不少的費用。在旅遊行業更有甚者差價達到50%，淡季旅遊將會比旺季旅遊低50%的團費。這對於熱愛旅遊卻無力支付高額旅遊費用的學生來說，應該是一個解決矛盾的有效措施。在小的方面，提前購買車票、飛機票等等都可以有效避開供需高峰，用較少的錢解決同樣的問題。

## 充分利用網路資源

網路的興起，讓世界的溝通越來越便捷，大學生更是善於利用網路資源的主力軍。現在大學生要購買手機、電腦之類，大多要上網查詢一番。在網上能夠獲得大量產品資訊，而且可以足不出門地比較商家價格，查看商家優惠措施。又如網上匯款和查詢等通常都是免費的，既優惠又省下了排隊時間。

優惠的魅力是巨大的，在減少付出的情況下能獲得同等的收穫，何樂而不為呢？一張一張地賺錢、一疊一疊地付出的人，是不能成為富翁的。只有一疊一疊地賺錢、一張一張地付出的人，才有可能成為富翁。而且，很多成為富翁的人，也是在這樣生活的。

如果說男人更多地與事業相關聯的話，那麼女人則更多地與生活相關聯。大部分情況下，一家人的生活更多地是女人在掌管和規劃。透過瞭解富婆對生活的態度，也可間接瞭解富翁之家的生活狀態。湯瑪斯·斯坦利在他撰寫的《隔壁的百萬富婆：美國商業女強人的成功之路》一書中，就披露了美國女富翁的節儉生活方式。

透過調查2,500名平均年收入在475萬美元的女性後，斯坦利發現她們之中最大的一個共同點是：美國富婆們生活都很節約。也許是不想讓

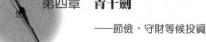

# 第四章　青干劍

——節儉，守財等候投資

別人知道自己富有，也許是本身對生活就持著一種簡約的態度，富婆們多半開著舊車，住著家庭年收入10萬美元就能購買的房子，甚至於很多富婆會剪下日用品店的優惠券，利用優惠券購買生活用品。總而言之，美國富婆們的生活水準，基本上都是低於她們的收入水準的，即一種不對稱的生活狀態。

對於這種調查結果，很多人會不解：百萬富翁幹嘛這麼節省？他們不知道，絕大多數百萬富翁都是天才的數學家，他們熱愛運籌學和會計公式，精於計算、善於規劃、眼界開闊。女富婆們利用優惠券購買生活用品，不僅僅是一種生活習慣，也是一種計算的結果。

美國的一個富裕之家，每週家庭生活用品上的支出會超過兩百美元，每年則會超過一萬美元，推而廣之，在成年人的一生中，家庭生活用品費用支出大約在40萬至60萬美元之間，這是一筆數目不菲的錢。面對這個支出，百萬富翁們心疼了，她們開始考慮一種補償：如果採取各種手段，充分利用商店優惠專案，每週節約幾十美元，將這個消費削減20%，即節約8萬至10幾萬美元（這時候，家庭生活費用支出就只需30萬到50萬了），並將這些錢投資於一個收益率位居前幾位的股票或基金中，幾年過後，這筆投資所賺到的錢將會超過30萬美元，基本上相當於生活費用的支出，也就是說，優惠一點，就能夠終生吃白食了。這真是一筆划算的買賣。

# 錢要花在刀口上

　　青干劍是一把看不見鋒芒的劍，劍身能折射鋒芒讓對手看不見鋒芒所在，故能藏進鋒芒以盾為鋒。只要有一點光，青干會發光，光線四散中，劍鋒已到，令人避無可避。

　　一把劍，最好的材料和最恰當的火候都是用在劍刃上，因為那是攻擊和承受攻擊的地方，是一把劍的關鍵所在。青干劍由隕石鑄成，極難錘鍛，所以劍刃做了工整的處理，而劍脊和劍身則隨意為之，剛好可以反射光芒。

　　學習分輕重，任務分緩急，每件事情都可分為必要或不必要，都有其一定的投入與產出比，在必要的並且是產出高的事情上，應該毫不猶豫地花錢，以及盡可能地獲得產出。

　　我們知道很多富豪都很節儉，不該用的錢堅絕不用。但是，該用錢的時候，富豪也是絕不吝嗇。該用錢還是不該用錢，這是一個不是很好把握的尺度，而一旦把握好這個尺度，離成為富豪的日子就不遠了。

　　「石油大王」洛克菲勒是一個節省到幾乎吝嗇的人。洛克菲勒到飯店住宿，從來不選擇高貴舒適的套房，而是開最便宜的普通房間。身為一個鼎鼎大名的富豪，這樣的行為是很讓人不解的。一次，一個服務生忍不住問他：「先生，您兒子每次來都要最好的房間，為什麼您卻要最差的？」而洛克菲勒回答說：「因為他有一個百萬富翁的爸爸，而我卻沒有。」

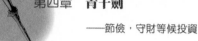

## 第四章　青干劍

——節儉，守財等候投資

　　如果說富豪節省很可能是習慣成自然的話，那麼還有一個問題，富豪們又不缺錢，節省這麼一點點做什麼用呢？也許下面這個小故事能說明這個問題：

　　老張開了一家批發海產的鋪子，因為本金不多，規模有限，他的店鋪開得很小。因為價格實惠，加上老張的誠實經營，他很快就擁有了一批固定的客戶。在這批固定客戶中，有一個本地的小店老闆，每次都開著自己的小貨車親自來拿貨，而且他每次不過拿個10萬元左右的貨物。一年後，由於生意不錯，老張的批發店規模擴大了兩倍，那位老闆也賺了錢，將小貨車換了個新的越野車，還是照樣親自開來，找老張進10萬元的貨物。就這樣幾年的時間過去了，老張的生意越做越大，他雇了幾個員工，將店鋪擴大了三倍，而那位小老闆也有了變化，這次他又換了輛新的車。再過了幾年，老張幾乎壟斷了當地的海產批發市場，還做起了食品加工，但那位小老闆卻再也沒來過了。老張打聽後才知道，因為競爭激烈，他的店開不下去，已經關門了。後來再碰到那個小老闆，老張很好奇的問他：「你這些年賺的錢到哪裡去了？」那位小老闆回答道：「買車購屋啊，你沒見我換了幾次車嗎？我最近還買了間新房子，花了不少錢，不然不會搞到破產。」說完他就問老張：「你呢，也賺了不少吧？」老張笑了：「我這些年賺的錢，都用在擴大生產、購買設備上了，我到現在還沒房沒車呢！」

　　窮人用錢的時候，認為錢是一種辛勞的成果，可以利用它好好享受，所以大多把錢用在自己身上；而富人用錢的時候，認為錢是一種價值工具，能夠利用它賺取更多、更好的價值，所以往往把錢投在有價值的地方。

雖然富豪們的理財投資觀念並不是高度的一致，但是卻有一個核心的地方，那就是避免不必要的浪費，把錢用在該用的地方，也就是「錢要用在刀口上」。在經濟發展狀況不明的金融危機時代，越來越多的人擁有了這個共識。

不僅僅富豪如此，在物欲橫流的時代，更多的中產階級開始傾向於實行一種健康、簡約的生活狀態。他們大都有著較高的學歷、體面的工作和不菲的收入，但是生活簡單，消費不多。他們大多把錢節省下來是為了實現自己的理財目標，或是為了做自己認為有意義的事情，以有限的金錢，換取更多的價值。

我們在購買物品的時候比較強調一種性價比，即收穫與支出的比例，比例越高越容易得到滿足，也越實現了金錢的價值。同理，生活成本也應該獲得一種良好的性價比，奢侈是不應該的，浪費更是沒有道理。在不影響生活品質的條件下，盡可能用最少的錢獲取最大的生活滿足，才是聰明人的選擇。

Tom曾是一家大型跨國公司的高級經理人，現在成立了自己的小公司。公司效益漸增，每月能夠達到上百萬元收入。在公司其他人的眼裡，Tom的生活應該過得很富足。事實上，Tom不僅月月入不敷出，有時甚至要動用起信用卡來。一棟留意已久的別墅，至今還沒湊夠錢買下。

也許得於命運的垂青，從念書到工作，Tom的成長歷程出乎尋常的順利，他從未缺過錢，因此對錢並沒有明確的概念，倒是養成了鋪張浪費的生活習慣。一發薪水，他就會呼朋引伴，請客吃飯，每個月花費在飯桌上的錢就佔了將近四分之一。有空就逛精品店，瘋狂購物，花錢不

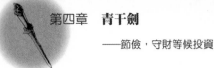

眨眼。另外最大的一筆開銷，還要數他這個愛車族不惜為車做出了的鉅額投資。

工作至今，Tom已經換了兩部價格不菲的名車。儘管離公司很近，而且經常碰到塞車的情況，Tom還是堅持天天開車上下班。下班後必做的事也是開車到專門的洗車店，把車清洗得乾乾淨淨。晚上或是週末，再約上三五個朋友，開車到郊區兜風飆車，不過足車癮不甘休。

最近經過自己多次留戀駐足的大樓前時，他發現房價再次飆升。購屋的打算再次提上日程，可是手頭的錢連頭期款都不夠，Tom第一次體會到囊中羞澀的感覺，也第一次意識到勤儉持家的重要性。

從那以後，Tom對自己的日常開支做了詳細的規劃，該用則用，該省則省。能用風扇的時候就儘量不使用空調，關掉家裡暫時不需要用的家電電源；減少逛街購物的次數，每次購物只買生活必需品。上班也改乘捷運了，即使是清洗自己愛車這種事，現在也親力親為了。在公司，他還制訂了節約水電和辦公用品的準則，規定對浪費嚴重的職員給予相對處罰。

公司的新制度立即得到員工回應，從上到下，一一開始貫徹節約之風，營造出一種摒棄奢侈、強調簡潔自然的辦公生活氛圍，使公司的運作更加和諧有序。

有收入的上班族尚且如此，身為一個大學生，又該如何呢？其實，一個大學生，吃的能夠營養均衡，穿的能耐穿耐看，住宿簡單樸素，出行省錢方便，就可以了。

大學生要控制自己的消費欲望，就得先制訂一個消費計畫，列出必

要開支。如伙食費，這筆錢是不能動的。其他方面的金額則可以考慮相對靈活使用。生活中有很多小開支，這裡幾元、那裡幾塊，看似很不起眼，但養成節儉的好習慣後，積少成多就是一個大數目。

要做一個精明的消費者，不花冤枉錢，不亂花錢。把錢節省下來，不是為了聚財，而是把多餘的錢儲蓄起來，留做理財投資的基金，養成一個良好的理財習慣。

愛好美容的Annie，大學畢業後想開一家美容店，實現自己創業的夢想，但是她對如何開美容店不甚瞭解，如果貿然行動，很可能會遭遇難以預料的障礙。Annie查了很多資料，也諮詢了相關朋友，但是總覺得心裡沒底，沒有成功的把握。決心創業的Annie決定進行一番市場調查，以從中歸納出開美容店的訣竅和經營策略。

於是Annie決定，把父母給她的創業資金中的50萬元用於這項調查。Annie偽裝成一個一般的消費者，特地去調查那些口碑好、生意旺的美容店。她表現得很好奇和很願意嘗試的樣子，與美容師聊護膚用品和護膚方法；同時還向經理諮詢VIP卡的條例、店面宣傳等事情。一家美容店去過幾次以後，Annie對這家店的水準、服務品質、經營策略等都差不多有所瞭解了，回家之後，她還對自己掌握的資訊進行歸納和總結，做出資料庫。為了進行更多、更仔細的調查，Annie還出錢請很多朋友去美容，自己在一旁又是問這又是問那，掌握了不少資訊，同時也對朋友們的感受進行瞭解，以獲取顧客感受。三個月下來，Annie的50萬元美容費用已經花光，但Annie對開美容店已經成竹在胸，十分清楚了。

選址租房、聘請美容師、開張營業，Annie的美容店順利開張。因為Annie博採眾美容店之長，避其所短，一開張就顧客盈門，生意興隆。幾個月來，Annie的美容店沒有讓顧客們挑出毛病，還籠絡了一批忠實的顧客，走上了良好的運行軌道。

Annie的50萬元市場調查費用，可謂把錢花在刀口上的典型。有的人認為，花出去1塊錢，必須得賺回來10塊錢，這才算是把錢的價值發揮出來了。當然，能夠賺10塊錢回來，這無疑是很好的回報，但是如果花掉1塊錢，能夠讓我們少虧損100塊錢的話，那就算是非常必要和非常有價值的付出了。就創業來講，本身就是一件有較高風險和較大投資的事情，因此市場調查是非常必要的。對市場和行業不瞭解的創業，往往是虧得一塌糊塗，而自己還不知道在什麼地方犯了錯。

對在校大學生來說，財力有限，富裕資金不多，雖然有家庭的支

持，壓力尚不算大，但是學會如何花錢，如何花出錢的價值，也是一個很必要的課題。隨著大學教育的普及，大學生薪資呈降低趨勢，而相反的是社會物價高漲，生活成本提高，大學畢業生生存壓力明顯。尤其是在面對購屋、購車等生活資產購置時，很多畢業的大學生有心無力，感覺目標可望不可及。所以現在的大學生都把賺錢擺在第一位，滿腦子賺錢的想法和欲望，以致於給人浮躁的感覺。其實對財力有限的大學生，控制消費，儘量節省，以使得能夠讓有限的資金花在最重要的事情上面，把錢花在刀口上，最大可能地實現支出的價值，則是目前最實際的理財之道。

五

日月劍

# 賺錢七劍之

# 日月劍

## 兼職，體會賺錢的滋味

──「日月」是兩把相連的子母劍，時而雙劍，時而成一體，攻擊範圍可大可
小。代表協調共存。

──「兼職」就是在學習之餘，利用空閒時間打工，打工類型多樣，並且與學
習可以共存。

──日月劍是七劍中最亮的一把劍，並且會越打越明亮耀眼。日月劍是雙子
劍，分長、短兩把，主攻型，進攻的形式是雙劍爭取接近敵人身體，子母
雙劍伺機交替或一齊出擊。用劍者的劍法幅度大而位置變化奇快，重心不
斷轉移。

──兼職是大學階段相當寶貴的經驗，是大學生跟社會接觸的一個很好的過渡
過程。從兼職到專職，這是一項事業上的進步。

──日月劍是七劍中最耀眼、最美麗的劍，日月劍速度快、攻擊性強，在遇到
敵人時往往瞬間克敵制勝，日月劍還有著超強的韌性，在遇到挫折時彎而
不斷，並在最關鍵的時候迸發出強勁的力量。

──兼職靈活機動，既能豐富社會經驗，又能獲得收入，補貼開支，還能拓展
思維，補充學習的不足，一舉數得。

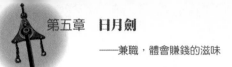

# 家教，賺取外快的最常見方式

日月劍代表協調共存。日月是兩把相連的子母劍，時而雙劍分開，時而成一體，攻擊範圍可大可小，攻擊距離可長可短。

日月劍主穆郎，年輕、樂觀、感情簡單，就像一個開朗的大學生。所以日月劍在他手裡使用起來，隨心所欲，威力無窮。

家教這個職業，可謂源遠流長，如今，大學生繼承了這一光輝而實惠的職業。家教收入高，輕鬆且安全，特別適合某一門或幾門學科功底紮實，善於溝通，講解能力較好的大學生。家教做得好的人，大學四年基本上毫無經濟擔憂。

根據調查，超過九成的學生會在暑假打工，而且多數的學生認為在暑假打工就是以時間換取金錢，以工作時數累積財富，趁暑假還沒有太多課業壓力，與其在家消磨時間，許多學生選擇了打工，不但可以賺取部分學費，也可能有機會獲得一些經歷等附加價值。

Merry家庭經濟基礎差，為減輕家裡負擔，一上大學就到處尋找家教機會，利用課餘時間做家教。家教為Merry帶來了回報，大二時她每月平均做8份家教，月收入有時超過2萬元。

Merry的家教之路也不是一帆風順的。她的第一份工作是教一個小學三年級的全科，每小時只有300塊錢，而且離學校遠，耗費時間，沒人願意去做。急於尋找兼職的Merry接下這份工作，而且態度積極，從不怠慢，堅持每天準時開課。隨著對學生的瞭解，還會有針對性的制訂

教學計畫，按照計畫循序漸進的進行輔導，輔導中發現學生存在的學習難題又及時調整教學計畫，一步一步，由易入難，學生接受快，成績進步明顯。長此以往，她不僅得到了學生和家長的信任和認可，也在家教界小有名氣，獲得了更多的家教機會。最多時Merry每月可以接8份家教，月收入達到2萬元。這樣豐厚的收入，幫Merry解決了學費和生活費的來源問題，也緩解了家裡的經濟壓力。

收入與付出總是成正比的，Merry為此也付出了遠遠超過其他人的努力和汗水。別人在上課時，她也在上課；別人在課外活動時，她還在忙備課，忙趕車，忙家教；別人在休息時，她又在熬夜複習自己的功課，保持學業不退步。

像Merry這樣，兼職與學習兼顧，而且把握很好，協調得不錯，應該算是一個榜樣人物。當然家教也是一個比較重要的工作，為人師表需要做好一個典範，給孩子們一個良好的大學生形象。

大學生家教的流行，是因為大學生年輕，熟悉校園生活，懂得學生心理，容易和孩子溝通；而且大學生整體素質比較高，能夠獲得家長的信任。但是少數的大學生在接下家教這份兼職時，僅僅把它當成一次賺錢的機會，一個獲得收入的來源，忘記了兼職也是一項工作，需要付出努力給出成績的。一些不合時宜的舉動，可能會讓你丟掉這份工作。

## 問題1：缺乏誠信

暑假前夕，Jason找到了一份兼職家教，輔導一個國中男孩的英文，沒想到才做了兩週，就被學生家長炒了魷魚。後來打聽多次才知道，原來是自己貪於玩樂而假稱生病蹺課的事情東窗事發，使得對方不再繼續

雇用他。

起初，Jason教得還不錯，他每次都準時上課，教學時也絕不馬虎，和學生相處得也挺好，但是漸漸的，他就開始懈怠了。那天有好友邀他去聽演唱會，他們說得興致盎然，使得Jason就有點坐不住了。儘管想到當天晚上還有家教時他也有些猶豫，可是在朋友的慫恿下，他便裝著虛弱的聲音向對方家長請假，說自己生病不能去了。對方倒是非常體諒，答應了他的請假，還催他去醫院看病。

晚上八點多的時候，因為擔心他的病情，對方的家長就打電話到Jason宿舍問他的情況。誰知道接電話的室友並不清楚，直接告訴了對方Jason和朋友出去玩了，會很晚才回來。對方家長非常生氣，立刻決定解雇這個沒有誠信的大學生，認為如此不負責的老師，是絕對不能信任的。

## 問題2：怠慢，不敬業

其實不光是Jason有這毛病，很多的大學生做家教都是三分鐘熱度，最初幾次還很認真，時間久了就開始馬虎起來。

Robert是數學系大二的學生，透過仲介找到一份輔導國中數學的家教。剛開始時，懷著賺取自己人生第一桶金的熱情和初入社會的膽怯，他小心翼翼，精益求精，唯恐自己的工作不能得到學生及家長的認同。所以得到這份家教機會後，就到處向做過家教的同學求教，並準備了詳細的教學方案和訓練習題。上課時，他也儘量講得通俗易懂，又不乏生動活潑，還安排時間監督學生完成每一道習題。這樣學生收效快，Robert卻疲於其中的繁瑣，漸漸失去了熱情，開始敷衍起來，最後甚至

只是講解學生做錯的題目，然後扔下一些書讓學生課後自己看。學生家長得知後，立刻解雇了Robert。

類似的不敬業問題還包括遲到、不備課等，而這類問題也是受到家長指責最多的問題。

## 問題3：毫無拘束，太過隨便

趙女士和先生都在市區工作，週一到週五住在市中心地帶買的房子裡，女兒則跟爺爺奶奶住在離市中心較遠的另一間房子裡。因此趙女士決定請一位學生家教幫忙輔導女兒功課。可愛、健談的Jodie被選中了，之後Jodie逢週一、三、五到趙女士家為趙女士的女兒補習全科。善於和小孩溝通的Jodie很快就和小妹妹打成一片，親如姐妹，加上沒有家長在場，Jodie更覺得如同回到了自己家，毫無約束感。偶爾還會隨便吃趙女士買給女兒的零食，問爺爺奶奶關於趙女士家的情況。種種過度的表現，爺爺奶奶都看在眼裡，週末就告訴了回家的兒子和媳婦。上任才一週的Jodie就這樣被趙女士解雇了。

以上的這些問題，在大學生家教過程中出現了不少。家教雖然是兼職，但也是一份工作，工作就需要有職業道德。受雇於人，就要盡職盡責給孩子輔導好功課，這樣拿到薪水心裡也會踏實。而遲到早退、馬虎應付等小花招不僅讓家長們沒有好感，還給學生留下了不好的影響。

家教是大學生最為常見的兼職方式，而且收益也不錯。但是要做好家教，除了防止出現「問題」之外，還需要協調一些關係，掌握一點技巧，這樣才能做出高品質的家教，獲得較好的報酬。

首先是需要協調好家教和學業。家教每一次需要的時間並不是很

長，大多是一到兩個小時，但是由於作息時間的關係，很有可能與自己的上課時間衝突，這需要自己跟家長和學生做好協調。同時要分清主次，畢竟自己的學業是主業，家教是兼職，不能為了家教而拖累了學業。

其次是解決心理負擔。家教雖不是很講求技術的工作，但也並不低下，自食其力，完全沒有必要自卑。

第三是掌握學習中的教與學的技巧。考上大學，大學生在學習方面當然讓人信任，但是去教別人學習和自己學習是兩碼事，做好教師和學生的職位轉換，是家教成功的重點。

第四，如果有更好的兼職，做其他事情去吧！相較於做科研專案、到公司實習等兼職而言，家教對大學生的鍛鍊程度以及專業方面的應用畢竟遠遠不如，做兼職不僅僅要看到錢財收益，還要看到對自身能力的訓練。

# 專業服務，一塊可口的點心

日月劍是七劍中最亮的一把劍，並且會越打越明亮耀眼。日月劍是子母劍，分長、短兩把，主攻型，進攻的形式是雙劍爭取接近敵人身體，子母雙劍伺機交替或一起出擊。用劍者的劍法幅度大而位置變化奇快，重心不斷轉移。

七劍各不相同，每一把都極具特色，招式、用法、主攻方向都很獨特。日月劍無疑是七劍中很好看的一把，一旦舞開來，絢麗多彩，閃耀奪目。同時，還具有殺傷力。

在所有大學生兼職工作中，專業對口的服務，無疑也是最得人心的。設計、翻譯、書畫、程式、書稿等等，比起發傳單、速食店的鐘點工，既鍛鍊了自己的專業，同時智力的附加價值也較大，獲得的收益也大。

## 網路作家

現在，在網路上活躍著一批大學生網路作家，他們很多是憑著愛好開始在網路寫作的。其中一些人在這個領域獲得了成功，他們小說的點擊率高達上千萬，收入高的可達月薪數十萬元。

網路已發展成為最流行的第四媒體，它的普及和應用，已成為大學生現實生活中不可缺少的一種交流方式。網路的方便和快捷，也得到廣大文學創作和閱讀愛好者的青睞，加上準入門檻的方便，網路文學迅速

流行起來。而網路文學的流行，則帶來了一份廣闊的空間，吸引了大批網路文學的閱讀者，同時也發掘了一批網路文學的寫作者。

傳統媒體的高成本和壟斷性，往往讓大學生難以企及，而網路的近乎零成本和開放空間，給大學生提供了一個很好的展示平臺，讓喜歡追逐潮流的大學生如魚得水，發展迅速。

當然，要進行有賺錢價值的網路寫作，成為一個有人氣的網路作家，是需要一定基礎的。這個基礎主要包括寫作能力和創造能力，需要作者文思敏捷、涉獵廣泛，最好還有能力製造一點轟動性或創新性的內容。從這點來說，大學生素養較高，更易於接受新生事物和新思想，比較適合進行網路寫作。

但是除了自身素養之外，網路寫作還需要一些硬性的條件，那就是時間和策劃。網路寫作一般內容多、字數多，需要較多時間來完成。同時在一般情況下，網路作品需要一定的策劃推廣技巧來獲取更多的人氣和點擊率。在目前社會心態條件下，網路作品多屬於速食式作品，需要較快的打字能力，對於那些思維不夠敏捷，喜歡慢工出細活的文學愛好者，可能不是很適合。但是網路畢竟給出了這樣一個平臺，無論快慢，至少也能圓一回寫作夢。當然，如果能賺錢，那是再好不過了。

Thomas就是一個靠網路寫作發跡致富，走上富裕之路的實例。他的成功可以說是必然中的偶然。Thomas從小就酷愛文學，博覽群書，涉獵廣泛，勤於練筆，打下了紮實的文學功底，寫出的小說情節跌宕起伏，文字行雲流水，得到一致好評，他的成名是必然的結果，所欠缺的只是機遇。而網路則正好給予了他這個機遇。Thomas怎麼也沒有想到自己隨便在網路日誌上寫下的小說，一時間點擊率驚人，成為了網友吹捧的對

象，評論留言中盡是網友們要求連載的呼聲。隨即他就被知名網站聘為簽約網路作家，給予月薪過萬的豐厚報酬，讓Thomas的財富迅速膨脹，成為新生代的大眾偶像。

Thomas的成功也證明了現代社會對創造價值的種類的拓展，體力勞動、科學技術創造價值，網路同樣可以創造價值，只要你有才華、有膽識。網路世界不再被大眾認為是虛擬荒誕的世界，而網路作家不再被誤認為只是隨便塗鴉之人，而成為了名利雙收的成功者代言人。

## 外語翻譯

雖然語言是一種交流的工具，但是翻譯卻是一項技術性相當強的工作，適合語言類科系學生。它對外語水準要求高，可能口譯還要求外貌端莊大方，形象不錯。

翻譯一直以來就被稱為高級的兼職，從事翻譯的學生語言水準要求高，收入回報也高。同聲翻譯一分鐘數以千計，一般的翻譯一天下來也有四、五百以上。所以每到大型交易會，總會有很多外語科系的同學舉著用各種語言寫的求職牌子，站在交易會會展外面，希望能進交易會做翻譯。

除了交易會等進出口商品會展需要大量的翻譯外，一般的貿易公司、文化公司等都需要翻譯這個職位，所以大學生選擇翻譯做為兼職是非常有市場前景的。而且在做翻譯的過程中，不僅可以鍛鍊自己的語言能力，還可以獲得其他行業的業務知識。財務翻譯需要學習財務會計等知識，商務翻譯需要學習商務方面的工作流程，可見翻譯是典型的複合型人才。

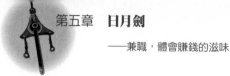

Snail是一名知名大學外語系的高材生，從小受身為外交官父母的影響，她對外交官工作充滿嚮往，大三時一家外事機構來學校招實習生，Snail憑藉一口流利道地的英語和較高的應變能力得到實習的機會。實習期間，Snail不僅擔任一般筆譯和口譯工作，有時還需要參與方案的策劃和執行。曾有一次，該外事機構負責承辦兩個國家的學生交流會，Snail被安排在策劃部負責配合制訂整個交流會活動的方案。策劃部部長要求每個人都提一套方案，Snail為此回到學校，廣泛查閱舉辦交流會的各種資料：如何開場、安排什麼節目、請哪些嘉賓、雙方各有什麼文化特色、經費如何使用等等，將方案所需要考慮到的方面都做了詳細的瞭解。透過比較列出兩個國家學生的整體異同點，Snail做成短片，提交了生動而翔實的設計方案。方案得到部長讚許，最終討論決定以Snail的方案為主，出乎意料的是，部長還安排Snail做為這次交流會的司儀。半個學期的實習經歷，大大提升了Snail的自信，她堅信擁有紮實的語言基礎和不斷開拓新思維的智慧，一定會取得事業的成功。

## 開辦補習班

教育市場一向火爆，激烈的升學壓力使相當多的學生不得不在學校之外，還投身於課外的教學補習班進行學習。這片市場越來越大，具有極強的生存和吸金能力。

Novia是某研究所一年級的學生，在自己艱辛的考研過程中，他萌生了開辦補習班的念頭，想以開辦考研專業課程補習班的形式賺取自己人生的第一桶金。雖然目前的補習班市場趨於飽和，但是Novia所設定的專業補習班與其他補習班不同，其特點是針對專門學校的專業課，聘請的授課老師全是各個研究所熱門科系的研究生。這些研究生是導師的

得力助手，掌握了很多諮詢和資訊，對專業課程的輔導很有優勢。因為這些授課老師都是親自參加過考試的，對備考各個流程都很熟悉，他們的現身說法對需要報考他們所在科系的考生很有吸引力。

但要，在眾多知名考研補習班中突圍佔據一席之地並不容易，為此，Novia開始另闢蹊徑。他發布廣告邀請考生和各個授課老師共聚，進行面對面的考研交流，另外授課老師的考研經驗、筆記則成為Novia補習班最有說服力的宣傳。透過這樣的形式，他的補習班逐漸打開市場，開始獲得考研學生的信任。

Novia的首期專業課輔導結束時，很多學生認為，雖然上萬元的學費不算便宜，但確實有很大的收穫。最重要的是，對於很多缺乏管道去瞭解導師和學校具體情況的考生來說，在沒有導師、學長、學姐等各種社會關係背景下，Novia的補習班為他們提供了一個十分有效的專業資訊交流平臺，不光學習了專業的知識，還認識了這些授課的學長、學姐。這對學生來說，本身就是一種資源。

補習班的形式多種多樣，但像Novia這樣的以研究生身分創業，以研究生擔任講師的培訓學校還很少。因此Novia的學校才辦半年多，知名度還不夠。所以他目前在積極拓展市場，努力提升知名度。

## 兼職程式設計師

電腦程式在外行人看來，無疑是猶若天書，但對程式設計師來說，可能就像網路作家書寫文字一樣愜意。兼職程式設計師也是大學階段最能體現知識產生利潤的兼職職位，做兼職程式設計師對學習編程的幫助尤為可貴，有的大學生甚至會為了學習寫程式而免費兼職。

Alex雖然是電腦系，但是畢竟對IT公司的具體要求瞭解不多，於是大三暑期時他找了個機會在一個電腦研究所實習。與其說實習不如說是做義工，工作了兩個月他一毛錢沒有拿，但是這兩個月對Alex的幫助很大，在專業人士的指導下，他的實際操作技術突飛猛進。

由於工作很認真，Alex得到了很好的評價。在前輩的推薦下，Alex開始和他們一起做專案，這使Alex在大三、大四就有了自己的收入。從大三開始，Alex做過了各式各樣的應用系統，雖然工作也很辛苦，經常加班和熬夜，從跟客戶談需求到設計、編碼、測試、交付都要上，但是得到了很好的鍛鍊，而且收入不錯，每個月有好幾萬元。既能學習技術，又能賺不少錢，Alex感到很滿足。大四下開始找工作，這時Alex的工作經驗在同學中已經算是很豐富了，加上之前在研究所的良好口碑，他順利地進入研究所做專案助理，協調技術方面的工作。現在，Alex想起自己的兼職經歷來，依然很有成就感。

做自己擅長的事情，並且能學習把這件事情做得很好，甚至還能賺錢，這無疑是一件稱得上是「划算」的事情。所以多在自己的專業上下功夫，多尋找或製造機會，讓自己的兼職更有含金量，對大學生來說，是很有意義的。

# 小生意，大買賣

日月劍是七劍中最耀眼、最美麗的劍，日月劍速度快、攻擊性強，在遇到敵人時往往能瞬間克敵制勝。日月劍還有著超強的韌性，在遇到挫折時彎而不斷，並在最關鍵的時候迸發出強勁的力量。

劍是百兵之首，看似平淡無奇卻威力無窮。七劍一下山就殲滅了準備屠殺武莊的三百士兵和風火連城座前的三員大將，讓風火連城幾乎不敢相信。當七劍合璧，掀了風火連城的老巢並除掉風火連城的時候，劍的威力，已經傳聞天下。

在大學生兼職過程中，有很多小買賣、小生意、小idea，看似平淡無奇或者是沒有什麼價值，但是善於抓住機會的人往往就在這些「小」中開創了事業，成就了人生的「大」。

David從大一開始就利用課餘時間做家教，他教學態度認真，方法得當，所教學生成績明顯進步，因此家長們口耳相傳，David 得到了更多家教工作機會。忙不過來時，David就會介紹一些家教給其他同學做。久而久之，David的名字在學校傳開來，很多想要找份兼職的學弟、學妹或是同學都打電話給David，希望他幫忙留意家教等兼職機會。時間久了，David發現現在尋找兼職的人太多，光靠他一個人的力量遠遠不能解決同學的求職問題。何不成立一個家教中心，大家一起找家教呢？David腦海裡呈現出了這個大膽的想法。

在和幾個同樣具有豐富家教經驗的同學討論後，David決定就在學

## 第五章　日月劍

——兼職，體會賺錢的滋味

校附近成立一個家教中心。他一邊派發傳單，宣傳這個家教中心，一邊登記需要請家教的客戶和求兼職的學生，找老師和找學生雙管齊下，同時進行。

當家教中心走上正軌後，David還提出更多創新管理辦法。比如為了保證教師的素質，David會組織家教中心成員，對應徵同一份家教的學生進行初次面試，挑選一名最適合的老師，之後再由家長面試這名老師，確定最終是否錄用。如果這位學生未能得到學生家長認可，家教中心會重新發布招募廣告，招募新的老師。另外為保證教學品質，David還在每週週末舉辦家教交流會，大家共同分享教學過程中的得失，以促進家教教學水準的提高，樹立家教中心的良好口碑。

隨著客源和求職學生數量的增長，家教中心的規模不斷擴大，資產轉眼間達到幾十萬，David也成為了大學生自主創業的典型榜樣。

從小老師到大老闆，David靠的是對市場和需求的敏銳觀察力和付諸實踐的勇氣。沒有做不大的事，就怕缺乏發現的眼光。

David無疑是一個把零散經營發展成為規模效應的好手，也許他已經熟知了馬太效應。一把劍可以獨當一面，但是難擋一群，七把劍合起來則可以面面俱到，可進可退，縱橫天下，應付自如。所以古代俠客成立幫派，現代商人成立公司，都是因為這個道理。做大、做好了，機會就多了。當然誰都希望做「大」，但這個做「大」卻不是那麼容易的，成功的路上，永遠都需要勤奮與執著。

Andrew出身貧困，父親又染上重病，家中的日子頗為艱難。為了攻讀自己喜歡的服裝設計系，他找親戚借了一筆錢才得以入學。從跨入大學校門的那天起，因為背負了一張借條，Andrew為自己的大學生活立下

一個目標：一邊讀書，一邊賺錢。

既然就讀於服裝設計系，Andrew很自然的想到了利用自己所學的專業賺錢。在熟悉了大學課程和生活之後，從大一下學期開始，Andrew為了使自己的圖畫達到商業標準，他一邊把畫圖作業交給老師評判，一邊悄悄地走出校園，拿自己畫的圖去和商場裡的服裝對照，找出自己的不足，提升自己的潮流意識。

上大學後的第一個暑假，Andrew開始實施自己的賺錢計畫。他帶著一包畫好的服裝圖，找到他所能找到的服裝生產廠商，向他們展示自己的作品，說自己可以設計服裝，想利用例假日打工。皇天不負苦心人，終於有一家廠商挑選了其中的10張畫，並給了他4萬元，還同意以每月1萬元的薪資聘請他兼職設計師工作。

嚐到賺錢滋味的Andrew喜不自勝，決定擴大戰果，繼續奮戰。透過努力，Andrew用同樣的辦法在3家公司裡做起了兼職設計師。就這樣，大二的時候，Andrew打工的薪水能拿到每月3萬元了。但Andrew並不滿足於此，為了早日還清債款，Andrew還想出了一個宣傳的妙招。他建議找專業模特兒給改版後的服裝照相，製成型錄，向消費者發放，進而擴大產品和公司的形象宣傳。這個主意受到公司的重視，撥出了專門資金，委託Andrew全權處理。經過Andrew的專心設計，做出的型錄效果不錯，為公司獲利不少。於是Andrew決定把型錄的生意做大。

Andrew開始拿著做好的型錄去其他公司攬生意，由於設計效果很好，市場反應不錯，很多公司都委託Andrew做一份型錄。Andrew的每份型錄開價達到了20萬元，仍是供不應求，為他贏來了人生的第一桶金。

有了資金的Andrew開始尋找更好的賺錢機會。透過調查，他發現當

時市場上有很多家的服裝企業，但是卻很少有為服裝品牌服務的公司。Andrew發現了這個巨大的商機，於是創設了一家服裝品牌策劃公司。他的公司專門為服裝企業服務的，基本工作是設計服裝、布置店面、為服裝公司做型錄。Andrew的專業知識和打工經驗，使得他的公司的服務非常切合服裝企業的需要，具有很好的效果，生意源源不斷，公司客戶越來越多，資本也累積雄厚。

已有不小成績的Andrew依然保有商人攫取利潤的眼光和衝勁。他並不滿足於單純的服裝設計形象宣傳，開始把業務拓展到銷售方面。此時，Andrew的公司已經在服裝行業具有了一定的知名度，透過競爭和談判，Andrew與數家公司簽訂了聯合經營的協定，由其他公司出資金，Andrew出技術服務，共同開拓市場。如今Andrew的公司已有小成，Andrew身家也已上億。

小生意，大買賣，看似不可能，但一批大學生卻真正讓不可能變成可能，用事實證明了我們的周圍並不缺乏商機和機會，而是我們缺乏發現商機的眼光和付諸行動的魄力和勇氣。學會觀察生活，學會腳踏實地從小事做起，沒有什麼不可能。現在很多大學生心裡想著做大事，卻不肯從基層做起，定位出現偏頗，往往眼高手低，一事無成，而這正是成功大忌。

歷史系畢業的小靜愛好學習外語，大學時就開始自學日語，期望著畢業後能進日商工作。但找工作時卻處處碰壁，許多招募企業都因為小靜不是日語系畢業生而拒絕了她，接受她的公司往往又給出很低的薪資待遇。但是小靜沒有因此放棄心中的理想，而是逐漸調整自己找工作的方向。

她決定即使薪資再低，也要去日商工作，以便累積更多日商工作經驗。最後她進了一個待遇很低的日資工廠，擔任生產管理一職。起初小靜天天都要待在工廠，工廠環境惡劣，不僅身體吃不消，而且很少接觸日本人，根本沒用到所學的日語。但是小靜依然堅持在本職職位，不放鬆任何工作環節。她的表現終於得到主管的讚許，半年後就被提拔為生產部管理組長，每天只需要在辦公室辦公。辦公室有一大部分職員是日方代表，小靜常常需要與他們溝通、協調，對話中她發現，自己在學校學的日語根本不夠用，有時幾乎聽不懂對方在講什麼，難免招致同事鄙夷的神情。但小靜沒有因此而自卑，她明白這是學習過程中必經的階段，何不化壓力為動力，努力去學自己想學的東西呢？所以她依然堅持去跟其他同事交流，把每天聽到的新詞新句記下來，不斷鞏固，日積月累，她的日語進步飛快，在辦公室也越來越受重視。又過了半年，公司公布了兩個去日本總部研修學習的名額，其中就有小靜。現在，她離自己心中的夢想越來越近了，工作的舞臺也越變越大，事實證明，她當初選擇從基層做起的決定是完全正確的。

　　所以，當你還感嘆著缺少機會、懷才不遇的時候，不妨看看上面這幾位。就算你沒有他們的創意，你還可以學著從基層做起，將小工作做成大事業，一步一步邁向成功。

# 兼職陷阱，你經歷過嗎？

穆郎是七劍中年齡最小的一個，生性善良單純，將一切都看得過於美好。但正是穆郎的善良卻導致了鐵槍會幾乎滅門。他的弱點被敵人利用，他的同情讓無數的生命付之一炬。罪惡的火光中，穆郎看清敵人面目的同時，也悔恨自己的一時惻隱。到此時他才想起為什麼師父當初將日月劍交給自己，那句「凡事都要從兩個方面考慮」的話，自己直到此刻才幡然頓悟。

有人的時代就開始有陷阱，在人與野獸對抗的時代，陷阱是人類生存的重要道具和途徑；在人與人對抗的時代，陷阱是獲取利益、保全自己出賣別人的有力武器。

人有千面，形形色色，這個社會當然是很複雜的。穆朗的單純善良導致了鐵槍會的滅門和很多人的喪生，而大學生的單純善良則可能導致財物的損失、白忙一場，嚴重的甚至有生命危險。

認識自己，努力發展自己，這是很必要的；但認識別人，努力知道別人的意圖，也是很必要的。

學校剛開學，學校的公告欄裡就出現了一則廣告，條件誘人：「我們公司專門負責某電視臺節目廣告，現因業務發展需要，誠徵兼職文案策劃一名，如果你策劃的方案被採納，每個方案將有5～10萬元不等的抽成。」廣播系的Cheney正想找份兼職試試看，馬上就按照該公司提供的電子信箱寄去了一封簡歷。

該公司倒也顯得誠懇，回信得挺快：從你的簡歷中可以看出你以前沒有單獨進行過整體的廣告策劃，為了瞭解你是否符合我們公司的需要，希望你針對一個保健飲料做出一個宣傳大綱來，讓我們瞭解一下你的專業功底和創意能力。

見到對方有回應，Cheney很是開心，他查閱了大量的相關資料，熬了幾個晚上，想出了若干個方案，最終確定了一個定稿。對於自己的構思，Cheney還非常得意，覺得自己應該會脫穎而出。

果然，公司對Cheney的文案似乎非常青睞，他們在回信中提出了更多的要求，要Cheney對策劃案進行更具體的解說，比如為什麼要設定在這個場景之下，為什麼他選擇明星A來做代言而不是其他明星等等。問題的詳細程度讓Cheney都有點懷疑了，但人家強調說這是考核職員基本水準的必要步驟，他也就相信了，並詳細回答了對方的問題。

結果事情還沒完，這次公司要求Cheney再為另一個產品寫作文案，並表示「這還是測試的一個部分」。Cheney雖然很不高興，但人家反覆表示這是最後一次考核，想到自己好不容易到了這一步，於是再次發過去了一份自己精心製作的文案。

誰知道，從此以後對方公司如石沉大海，音訊全無，Cheney再打電話過去詢問，人家只冷冰冰的告訴他，他沒有通過考核，叫他以後別再打電話過來了。這下子Cheney才弄明白，自己是遇到騙子公司了。這種小廣告公司多半用這種方法騙來絕妙的廣告

創意，然後高價賣給廣告主。因為沒有保留足夠的證據，想告他們都很難，Cheney只好自認倒楣。

最近幾年來，利用課餘時間去社會上打工兼職的在校大學生越來越多，對於經過了十多年寒窗苦讀的大學生來說，找一份兼職工作，不僅能夠獲得可觀的收入，還鍛鍊了自己的交際和工作能力，為日後就業打下良好的基礎，絕對是不錯的選擇。但是很多大學生還沒有真正地接觸社會，對爾虞我詐的社會現實還知之甚少，思想還比較單純，容易被騙。這些人利用大學生們對兼職的熱切，對高回報的期望，以種種方式騙取大學生們的財物，甚至還造成了身體和精神上的傷害。要防止上當

受騙，除了規範大學生兼職市場，依靠法律力量進行制裁之外，首先需要大學生用心分析，謹慎防範，認清詐騙分子的慣用伎倆，杜絕受騙。

大千世界，無奇不有，欺騙手段也是無所不能。下面是一些比較普遍的欺騙方式，曾經四處橫行，稍不留意就可能中招，希望大學生們能夠認清各種形形色色的騙子本質，維護自己的權益。

一是仲介機構的欺騙。仲介費往往是需要預先繳納的費用，而且數額不大，有時候大學生就算被騙了也息事寧人，懶得和他們計較，反而讓這種騙子公司繼續逍遙。

二是兼職公司的欺騙。這類公司行騙多半都是拒付兼職員工的薪水，或者以各種理由進行扣減。或者是以各種方式霸佔兼職者的個人專利和技術成果。

三是專門針對女學生的求職陷阱。一些歹徒利用在校女大學生社會經驗少的弱點，進行色情犯罪活動。因此女學生在應徵家教等需要單獨上門，或者非公司的職位時一定要小心謹慎，以免遭遇危險。

針對這些詐騙和陷阱，大學生兼職打工應該注意：

一是挑選仲介時要慎重。如果想要透過仲介公司尋找兼職的機會，記得多瞭解一下該公司的信譽，看它是否有相關的執照。更重要是透過身邊有兼職經驗的同學瞭解仲介公司，或者在網上收集訊息，畢竟現在資訊發達，如果這家公司有問題，應該會有人提出的。

二是不要付押金。用人公司向求職者收取押金屬於違法行為，扣留證件更是不合理的，一旦發生這樣的情況，立刻拒絕，還可向有關部門舉報。

# 第五章　日月劍
### ——兼職，體會賺錢的滋味

　　三是要簽訂正規勞動協議。兼職雖然只是短期的行為，但為了保護自己的權益不受侵害，一定要與對方簽訂協議，明確工作的內容、勞動時間、薪資待遇和支付等問題。

　　四是遇到騙局要及時舉報。發現上當受騙要及時向有關部門舉報，維護自己的權益，同時也能保護其他同學不受欺騙。

　　除了以上的這些陷阱和防禦辦法，還有一些是兼職造成的歧路。掉入陷阱，很多人會很快發現，但走錯了路卻不是人人都能及時發現的。比如很多大學生隨便去做兼職，根本沒有去思考這個工作適不適合自己，而只是為了報酬出賣自己的時間，做一些對自己毫無意義的工作，這樣會不知不覺就埋沒了自己的潛能優勢。所以找兼職還需要對自己做一段時間的規劃，尋找能幫助自己專業發展，或者是適合自己興趣與愛

D 20151100 1

好的工作。否則兼職越多，時間浪費越多，而對自己學習和工作沒有什麼作用，很可能會得不償失。

還有的學生自信心不足，懷疑自己，容易自棄。在兼職過程中做某個工作，可能本來他在這方面非常優秀，但是沒有人指點，或是指點的人提出了錯誤的看法，致使他在這方面處處受挫，導致不相信自己有這方面的能力。即使這個工作其實很適合他，但他已經沒有了信心，再也不想做了。這種扼殺潛質的兼職，也是大學生在兼職過程中應該設法克服和避免的。

大學生在走向獨立、走向自主、走向社會的過程中，兼職是一項寶貴的經歷和經驗，它可能有苦澀、有艱辛、有淚水，但是最好不要有遺憾和淚水。「凡事都要從兩個方面考慮」，你不一定要擁有日月劍，但是學好日月劍的心訣，是很有必要的。

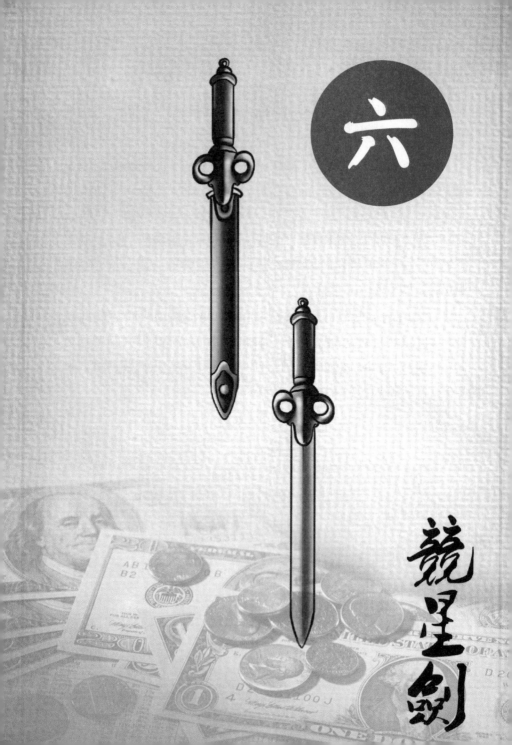

# 賺錢七劍之

# 競星劍

## 投資,理財的生財之道

──「競星」,短身,可藏於衣服之內,在電光石火之間,出劍神速,迅雷不可目睹。競星競星,意即與浩瀚群星一較長短。能與群星皓月爭輝,是一把可以用生命迸出死亡光芒的劍。如果武功運用得當,使用競星劍可以收放自如,放出如蛟龍出動,收勢如星馳電掣;若運用失當,競星劍則會反噬其主。

──投資,用通俗一點的話講,就是把錢投放出去換來更多的收益。用正規的術語,就是指犧牲或放棄現在可用於消費的價值以獲取未來更大價值的一種經濟活動。但是如何做到每擊必中、讓每次投資都不空手而回,甚至成倍獲利,就不是每個人都遊刃有餘了。

──競星劍,劍尾處設置機簧以牽制用劍者,禦敵進攻時,劍尾的「流星」可以幫劍者增強攻擊威力,但當劍者狂性大發攻勢無法控制時,流星便會打到他本人,藉此收斂他的鋒芒。

──投資,用得好,則收益倍增,獲得豐厚的回報;用得不好,則可能血本無歸,賠上全部身家。

──競星劍配合的「競星劍法」,看似僅僅包含「追月」和「流星」兩種劍法,但千變萬化全部包容其中。

──投資則有多種多樣、變幻莫測的諸多規律和法則;投資類型也是種類繁多,不勝枚舉。

# 大學生投資的特殊性

　　辛龍子是晦明大師門下一位性情古怪的弟子，而競星劍正是晦明大師特地給辛龍子打製的，設置劍尾處的流星是因為他出招只攻不守，必須有東西牽制住他。正常出劍時，劍尾流星可以幫到他，但當他狂性大發時，流星便會打到他本人，藉此收斂他的鋒芒。辛龍子很快在武莊一戰以及更多實踐中發現競星劍可以幫他克己制敵，掌握其中要領後越用越嫻熟。

　　武術中，攻和守是兩個極端，只知道一味攻擊，往往置自己於險地，留出空門讓敵人有機可趁；而只知道防守則僅能暫時抵擋，保護自己不受傷害，即便能立於不敗之地，但不會再有更高的建樹。攻中有守，守中帶攻，攻守兼備才能讓自己真正在江湖中功成名就、勇往直前。

　　身為大學生，在校四年，可以算是人生中的黃金時間，年輕所賦予的熱情是其他年齡的人最羨慕的，那看似無所顧忌的衝撞，往往可以打開一片意想不到的天地。當然，就像使用競星劍的辛龍子，不能一味憑藉衝勁行事，盲目的前行是到不了自己想達到的彼岸的。你也應該記得要有攻有守，把握好一個平衡性，像一把劍一樣，不能鋒芒太露，但也不能愚鈍不化。

　　大學生投資在今天並不是什麼新鮮的話題了。受資金、社會經驗等因素制約，大學生的投資活動常常帶有一定的探索性質。投資必然產生風險，但做為一種大膽的嘗試，大學生投資能為今後事業發展起到「投

石問路」的作用，成為這些社會未來的棟梁今後人生規劃的基石，因此大學生投資意識的擴展有其極大的積極意義。

已經成為資深上班族的阿敏，也曾是比較早的一代大學生投資者，當時提起「投資」的概念，周圍同學還大多單純的以為那只是玩股票和彩券時，而阿敏則已經走上了炒房地產的道路。最開始，也只因為專業的關係，學校允許她們不住校，她就租了人生中第一間房子。在租房第三個月後，阿敏就把自己的另一半臥室租給了一位學妹。後來房東找她說房子可以便宜賣給她，於是家裡純粹出於方便她上學，就答應了幫她出一部分錢，從此以後，阿敏開始了自己的「房東」生活，等到她畢業時，把市價已經高漲的房子轉手賣出，是當年買下房子價格的六倍。

現在，各式各樣的投資方式已經透過各種管道滲入到眼界面大開的大學生身邊，炒股票等方式的投資越來越普遍。大學生的投資往往第一筆投入資金不會過多，但他們勇於選擇，或說第一次是不怕跌倒的，因而從一些旁人甚少關注的領域入手的頗多，這也能看出大學生投資者的眼光獨到之處。

## 投資是應該跟風還是另闢蹊徑？

創業有風險，投資須謹慎——這句話幾乎人人都會說，但又在不知何時被人們一點一點拋諸腦後。

身為沒有經濟實力的在校大學生，他們投資的第一筆本錢基本是父母給的零用錢或者自己透過獎學金之類的收入節省出來的，所以他們的投資究竟是該隨大眾穩妥些，還是信任自己的眼光去迎風險直上呢？

M一直聽人說隔壁班好幾個同學都在買股票，其中小L還賺了一大

筆，聽多了，難免就動心了。M找到熟識的同學打聽了大概怎麼玩，就把存了幾個學期的錢拿去買了支據說很穩的股票。在小心守了幾個月後，果真小小的賺了，於是他急忙追加資金，但當他越買越多時，那支股票突然一跌，跌得他頭破血流。

這一天，他又聽說小L早就不玩股票，自己拿著積蓄開了家網拍店賣數位產品。聽起來網上開店本錢不用多，M覺得這次應該是個好機會。可惜等他開店之後，因為不會經營又不懂數位產品，雖然沒怎麼賠，但根本沒賺多少。他不知道是自己進貨問題還是哪裡沒考慮到，有了榜樣跟著去投資，難道不對嗎？

投資中的跟風現象，經常被人用運氣好壞來評論：某某運氣真好，別人做啥他也做，結果還沒畢業已經成小富翁了；某某運氣夠背的，人家賺錢的活他賠錢，真倒楣……

其實，不管是從眾還是走獨木橋，追根究底還是需要理智。

就像小L，他的投資成功靠的並不是盲目跟隨別人，而是在聽到有這樣的機會後，自己去研究其中的可行性。股票是他蹲在交易大廳觀察了好久的紅綠曲線，然後每天盯著金融類雜誌猛K後才涉水的，而開網拍店也是一開始找好了合作夥伴和進貨管道，根本不像M那樣道聽塗說後一知半解就開始了「冒險」。

身為大學生，眼光對他們來說，應該是收集的各種新鮮資訊加上多年對時事關注的敏感度，以及冷靜的判斷和成熟的思考。擁有這樣的眼光才是投資最棒的制勝法寶。

所以不論是跟風而行還是另闢蹊徑，並沒有嚴苛的規條定律。走哪一條路關鍵還是看自己有沒有鍛鍊出理性的判斷。當然，如果欠缺這些，那大學生們還有一樣最好的武器——青春。所謂青春不怕失敗，在歲月賜予的這個寶貴年齡層果斷地去闖、去拼，就算不成功也輸得起，而且起碼贏得了一份勇敢的經驗。

## 投資和學業，衝突OR相輔相成？

很多師長至今反對大學生投資的主要原因，還是在於怕他們因此耽誤學業。

記得曾經有位父親因為兒子讀大學時把學費全拿去買股票而氣得腦溢血，結果好多報紙都開始針對大學生應否過早投資創業問題展開了報導，輿論眾說紛紜，尤以不贊成的居多。但大學生投資與學業到底是否完全衝突呢？

A先生一直很重視自己女兒的學業，他認為不管小學、中學還是大學，只有學習好了才有出路，甚至對於大學裡講師留給學生太多自習時

第六章　**競星劍**

──投資，理財的生財之道

間都很是不滿。只要女兒稍微提到有打工的念頭，他就立刻喝止：學生的任務就是好好學習……直到女兒畢業時他才知道，大二時隨著學校社團活動去幫人設計包裝的女兒，早就從中獲得靈感，用省下的零用錢和向同學借的錢，開了一個專門給各種小店提供精美包裝和各種手工擺飾的小店，當上了小老闆，而且收入頗豐。

　　A先生的女兒學設計系，經營店鋪雖然難免耗費精力，但親身接觸顧客瞭解市場需求，再把自己的瞭解加入到設計裡，是實踐學習成果的最好方法，本來大學的生活就是需要活學活用，並沒有任何副作用。

　　當然，不是所有學生都懂得把握兼顧業餘投資和學習的時間尺度，過於本末倒置也不是什麼好事，清楚知道自己想要什麼，努力的爭取雙贏，其實對現在多才多藝的大學生們，未必是多難做到的事！

# 端正良好的投資理念

辛龍子是晦明大師座下三弟子，性情古怪，出招時容易進入癲狂狀態，經常狂性大發無法克制。為了彌補他的缺點，晦明大師為他量身打造了既可殺敵又能牽制他狂性的競星劍。

在無數武俠小說中一再告誡人：習武的目的絕不在於殺人，而是為了強身健體，為了提高自身能力，也為了行俠仗義。適者生存，習武是一種江湖中人的生存方式。而大學校園往往也被稱作是大社會的一個縮影，就如同江湖，想要在此立足，就必須提早鍛鍊走出社會後的適應能力和競爭力。

投資對於大學生，也就意味著早一步窺視複雜多變的「江湖」，但投資亦如武功，也要保持一種健康的心態，即以一種積極進取、學習和實踐的心態，以累積知識和經驗為目的去實行，而不是單純為了投資而投資，或者是僅僅為了賺錢而投資。在大學有限的空間和時間裡，考慮的應該是如何攫取更大、更多的收益，這種收益是指廣義的收益，它包括智力、知識、經驗、人脈、能力等等各方面，而不僅僅是金錢。

據統計，1996年美國企業總數中，11%是二十五歲以下的青年人創辦的，而且其中走出了大批自主創業和創意投資的先驅。他們接受新鮮事物快，理解力強，反應敏捷，這是他們的一大特徵。

可是正如很多資深評論者所言，越年輕，越熱情，也越茫然。這未必是偏見，而是一部分真實的存在。目之所及，看到成功的例子越多，

就越嚮往，有人嚮往別人追逐夢想的腳步，有人則嚮往隨性不拘束的享樂，而年輕的熱情有時則會讓這種嚮往滋長成衝動。

錢，誰都需要。但錢，不該是追尋的終極目標。曾看過一位年紀尚輕的高中生的故事，他小小年紀卻憑藉自學掌握了不少證券知識，然後從自己小額購進發展成為不少證券公司的助理操盤手，金融行業的高風險高回報讓他看到了自己的目標，這也讓他萌生了放棄考大學的想法。

的確，條條道路通羅馬，未必一定要登上象牙塔才是有用之才，但大學四年的益處並非僅僅在於對獲取金錢有沒有幫助。一心只著眼在賺錢上，看不到更長遠的未來是相當悲哀的。大學四年，無疑是增長自己能力的絕佳時期，而且從中體驗的豐富多彩的各種校園活動，也是過了這個時期再也難以重溫的青春記憶，在學生時代培養的團隊精神和積極的生活態度都是你今後事業上的踏腳石。人可以在興趣中挖掘鈔票，而絕不是在鈔票中埋葬興趣。

而且從長期來看，賺更多的錢只是投資理財的過程。實現資產的保值、增值，免遭財務危機所引起的生活動盪，讓自己和家人的生活安定而快樂，進而實現真正的財務自由，才是投資理財的真正目的。

投資未動，理念先行。良好的投資理念是成功投資、理性收益的基礎。面對市場上種種「投資神話」的「誘惑」，投資者如果沒有正確的投資理念做為指導，那麼結果很可能會事與願違。

眼裡只看到眼前的蠅頭小利，那他畢生也看不到前面的金山。「一個好的投資理念就像一份好的減肥食譜！」被評為「華爾街最有影響力的人之一」的美國職業投資家邁克爾‧莫布森具體地做過這個比喻。投資本身雖然帶著一定的風險係數，但這是一種隨著時代浪潮進步的理財

方式，用學習的興趣、求知的心態、大膽的嚐試、謹慎的觀察來豐富你手上和未來的財富，這才是屬於年輕人的做法。

就拿現在打著鋪天蓋地的投資網站來說，如果盲目的聽信「加盟XXX，月賺X十萬」的廣告語，隨手去投資一個自己不熟悉但似乎能賺大錢的項目，好吧，你只能祈禱你的運氣好到能夠買彩券中大獎。

簡單來說，大學生應持有的健康投資理念應該是：

一、嚐試。這個詞用在投資上並不壞。畢竟，大學生嚐試的金額不會過大，是在可以負擔起的範圍，而且抱著鍛鍊自己的念頭來嚐試，不論成功與否，起碼都會給自己的人生增添寶貴的資歷。

二、充實。相較於「空虛」，充實這個詞也高頻率的出現於大學生的嘴裡。為了不使年華虛度，為了區別於庸庸碌碌的平淡，自己動手，豐衣足食。充實還可以看做是提高自己能力的心理，為了讓自己的生活或者心靈得到更多養料，去涉足投資，來見識校園裡沒接觸過的外面世界，這個理由難道不夠嗎？

三、學習。投資需要學習，從基礎開始紮馬步，打牢基礎再去闖蕩世界才能事半功倍。當然，課業上的「學習」也不應該懈怠，多方掌握也許會給你帶來意想不到的幫助。

四、相信自己的能力。沒有能力是萬萬不行的。這個能力可以表示眼光，可以表示一定專業上的能力，也可以表示個人的聰明程度。相信自己擁有這個能力，自信的人才是成功青睞的幸運兒。沒能力，光想就想出了一個世界，那當然是紙上談兵廢紙一張。

健康端正的投資理念就像一顆發育優良的種子，只要投資者適時灌

## 第六章　競星劍

### ——投資，理財的生財之道

注優質的眼光和成熟的經驗，再等待適當的機遇，就可以破土開花，結出最飽滿的果實。

或者對於年紀尚輕的投資者來說，樹立正確的投資理念往往是「知易行難」。古人云：「謀定而後動，知止而有得。」這句話值得做為中小投資者的大學生們仔細品味和認真領悟。長遠來看，今後不管是證券市場還是社會主流行業仍將會有大幅波動，不可確定性也同樣意味著市場能提供的機遇非常廣闊，那麼誰能樹立正確的理財觀念並堅持探索追尋，同時根據市場變化及時修正，才會成為出眾的「投資高手」，並身為成功的投資人得到自我提升的一種滿足。

畢竟，投資再如何有規律可循，實際還是變幻莫測的，擁有良好心態來進行投資是第一步，其他因素就可以當成是對你的考驗，面對所有挑戰，去投資吧！

# 你是否瞭解過它？

競星劍是雙手劍，劍柄紮有鋼絲劍絮，絮尾有鐵珠。劍是用來攻襲和防守，劍絮亦是用來攻擊和防守。競星劍可以放出去，再收回來。

放出去再收回來，是競星劍的特質，也是其最為犀利的攻擊點。但是收放自如並不是人人都能做到的，除了膽大心細，還是一項極具技術性的事情，因為很可能放出去之後，卻無法將之收回；也可能收回來的時候，反傷了自己。

競星劍的這種收放之法也是資本增值的重要途徑。不斷的投入，再不斷的收回，這個過程也是一項需要技巧和功力的技術，弄不好就像不會使競星劍的人，很可能「傷人不成，反噬自身」。這就需要投資者在有良好的理念和心態之外，還要掌握很好的知識和技術，就像上節最後提過的「能力」。

從社會的健康發展角度來說，需要給投資者良好的教育和實踐來完善他們的這種能力。但投資者教育絕非告知一句老生常談的「風險無處不在，請您謹慎購買」就可以，事實上，完善投資者教育的組織機構和教育方式才是更為重要的深層次內容。但遺憾的是，在這些方面，沒有哪家學校會提供這種課程，讓人們去上什麼「投資者學院」去深造。

不過，理財專家總會在這時候出現，告訴我們：投資，其實很簡單。

其實投資的範圍也很寬廣，除了一些傳統的股票、基金、債券之

類，包括之前我們提過的投資店鋪、投資購屋和教育投資等都可以算作投資。有人說開網路商店不算投資，其實投入自己的錢去進貨開店，也屬於一種小型投資，所以說投資看起來既困難又簡單。基金、股票、黃金、炒樓，你身邊隨處可見的投資項目，大學生有知識、有能力，看上去真是遍地黃金待君取，但實際上，慘敗者橫屍滿地也並不少見。

子曰：「工欲善其事，必先利其器。」既然想投資，起碼你要瞭解一下基礎的金融知識吧？就算做不到洞悉一切也應該把你能夠找到的基礎知識加以研究掌握吧？比如，投資股票，那麼你對各類股票的區分瞭解嗎？

Ben以前對股票投資的印象，就是問工作人員：「請問XX股多少錢一張？」買了，查看漲幅還是會的，然後就是等待。你問他為什麼買這支？人家介紹的！

連人家公司是幹啥的都不打聽就買股票，這就實在太盲目了。而Tony在學校時也迷上了這個能令人的財產瞬間翻倍的遊戲，但他炒股卻一直停留在虛擬網站上──他參加了某證券公司旗下的模擬炒股網站，邊炒邊學，還不用本錢，雖然暫時他還沒賺到實際的資金，但是他已經決定下學期實習後的第一個月薪資用來投入實踐。

當然，大學生們還要注意一下投資的技巧，這本來沒什麼可以學的，因為只有社會才是最好的老師，而且個人有個人的門路。不過還是有幾個基本點值得注意，可以讓想「試水」的年輕投資者心裡有一個底。

1、既然沒錢，那就投資少一點的錢。投資並不侷限於個人的本錢，是多是少其實對於初學投資的學生是沒用的。用餘錢投資也是很多

理財專家們告訴大家的基礎，不僅是學生一族，就算已經收入穩定的成人也需要在保證日常生活開銷的情況下，用多餘的「閒錢」來投資才是投資，而不是「投命」。

2、不要把雞蛋全部放進同一個籃子。分散資金，廣撒網，投資項目那麼多，別在一棵樹上吊死。

3、擅長。你的特長是什麼？擅長什麼，就去找相關的適宜投資的專案，學以致用是一回事，做自己熟悉的事起碼降低了你的風險。

4、興趣，還是興趣。不快樂，不願意投資，那你投資是要幹嘛?!

5、別忘了關注它。電視上、網路上、雜誌上、報紙上，總能讓你多吸收一些投資的知識吧？既然想要透過它幫你理財，就不要忽略它。

當你的基礎知識都準備充足之後，還有一樣很重要：對資訊的判斷。

準確資訊的獲取對投資者來說是非常重要的環節，要時刻保持對市場的關注，同時還要去偽存真，找到真正有用的資料。投資的初學者很多時候會被動地接受一些無用資訊，有的資訊是來自經營機構的廣告，有的是非專業的個人評論。對於這些資訊，投資者應該具有更謹慎的判斷，尋找正確的途徑加深對市場的認知，不要輕易就上錯賊船，最後虧得一塌糊塗。

# 大學生投資面面觀

競星劍，短身，藏於衣服之內，在電光石火之間，出劍神速，迅雷不可目睹。

投資說遠實近，但又並非人人都可以熟諳此道。而一旦投資有道，剎那間就會讓你的人生翻天覆地發生巨變，如競星出鞘，瞬息光芒萬變。

## 動盪如股市

股票，似乎總讓人感覺是一個神祕的東西，它可以讓你日進斗金，也可以讓你傾家蕩產。股票其實很早就存在了，但直到今天，恐怕還有很多人無法瞭解它。

W大四還沒畢業，已經成了周圍同學們羨慕的有車有房一族。當他的同學紛紛為畢業後的工作而忙碌時，他已經完成了很多人需要奮鬥十年以上才能達到的目標，一間高級住宅和一輛不菲的名車全是靠他個人炒股賺的錢購置，所有改變，就發生在不到半年的時間內。

起初W也算是被迫炒股，受到母親的影響才接觸了這個東西。看到母親一個不懂電腦的人都能靠著股市賺錢，W慢慢開始好奇起來。在他畢業前的一個假期，母親要他幫忙上網炒股，從此以後W就「奉旨賺錢」了。

大學不是白上的，W進入這個領域後發揮了自己理科生的分析能

力，從一開始的憑藉運氣，到後來研究股票的價值和股票背後的企業，逐漸成為了令不少資深行家也佩服的高手。短短幾個月的獲利，竟然比他六年「股齡」的媽媽還賺的多，甚至還有幾小時入帳幾十萬的傳奇紀錄。對他來說，炒股就是生活裡一種新鮮的嚐試，當邁入一個嶄新的空間去開拓，這本身就是對自己的一種挑戰，而且這並不影響他今後找工作的心態，炒股只是業餘樂趣而已。

很明顯，不少教育界的專家學者對大學生炒股現象仍然持否定態度，其實能夠做到w這樣平穩的心態，並且鍛鍊自己對市場的分析力，這也未嚐不是好現象。

但w的例子是成功的典型，所謂的少奮鬥十年，但被股潮所吞噬掉的人依然數不勝數。那些直接和股民心臟掛鉤的曲線，起伏間動輒成千上萬的賺賠，對中小投資者而言依舊是又愛又恨。所以說，有多刺激，就有多驚喜。

## 中庸如基金

基金是一種相比對較中庸的投資方式。

基金熱，不僅存在於一些不敢炒股但是對投資有著不少興趣的中小家庭中，大學生也比較喜歡這種略為平穩的投資方式。

對於充滿理想抱負但是收入有限的學生一族，起步低的基金是相當不錯的選擇。如果持之以恆，也能聚沙成塔，數年後的收益也是可觀的。理財專家也表示，基金定投是一種分散風險的有效投資方式。當然，市場的好壞仍然是決定性的因素。

對於一直羨慕周圍朋友投資的May來說，基金是最合適她不過的選

擇。May 的家裡很少給她充足的零用錢，而她本人對於看似複雜的一個個資料也看得頭皮發麻，所以聽說基金的門檻這麼低，她就馬上拿出了積蓄購買。她採用的是最懶的辦法，直接去問銀行的工作人員，然後記住自己買的基金名稱和購進的價格，就只等隔三差五上個網查查數字就好了。高了，就是賺了，低了，那就再等著唄，反正基金又不像股票起伏那麼大。

而債券等風險係數低同時收益不會很高的投資項目，不少為了體驗投資魅力的大學生嚐試的人數並不如購買基金、股票來的多。或者基金在滿足了不少人收到回報的基礎上，又不會看到太過直觀的風險，長期投資的確是適合大學生的一個值得一試的方式。

## 投機如炒房

炒房一般有三種形態：炒樓、出租、轉手。大學生普遍屬於中小型投資者，炒樓只有個別的人才玩得起，不提也罷。雖然炒房這種舉動如果過盛就會成為影響樓市的正常波動，但只要不過分投入大規模資金和惡意倒賣，大學生透過出租等方式賺取零用，相較股票、基金，房子在手還是能給人帶來安全感的。

A 的父母在她大一時花了幾十萬買下了 A 學校附近的一間小房子，父母對 A 講，這筆錢算是借給 A 的，希望 A 不再當個吃喝朝家裡伸手的公主，能慢慢培養她的獨立。出乎父母的意料，公主居然一下子搖身變成了業主。

A 剛住進屬於自己的小房子時，雖然屋裡水電不缺但還是覺得不舒服，於是她很快搬回了學校的宿舍，不過房子空著也覺得不好，就把它

便宜租給了學校的一對情侶。直到有一天她突然發現自己透過收租已經使積蓄的數字翻了幾番後，突然有了「原來我現在當業主了」的意識。情侶畢業回老家，她為了方便，和一個大四的學姐簽了一年的租約，學姐畢業後她轉手就把房子賣了，隨即買了間更大的房子，租給了一家校內學生辦的美術工作室……

就像一款經典遊戲一樣，買房子，租房子，賣房子，再買房子……在重複了一次又一次的交易後，對 A 來說，當初的幾十萬塊錢不過是小兒科了，想起爸媽在那年暑假看到存摺時臉上那驚訝的表情，她就覺得很有成就感。

A 覺得出租房子是最適合自己的投資遊戲，她不需要去費盡心機去計算，坐等收利的事，多輕鬆！

## 機會如牛毛

投資投資，只有你想不到的，沒有你不能做到的。

你可以運用智慧去開發各種管道，投資開店、加盟小型企業的股分、教育投資，其實手邊的一切都可以被你運用起來，成為生財的門道。

黃金和外匯，是黃同學選中的兩個投資方法。他說自己姓黃，於是別人一提投資，他首先就想到了黃金。黃金可以儲值，升值雖慢但永遠不會虧本。而外匯，他選擇了在別人都盯緊國內市場的時候找到了其中的特殊種類。

外匯在歐美和日本的金融商品中都佔有極高地位，尤以個人理財方面的效果更為突出，特別是伴隨著金融全球一體化進程的推廣，已經逐

漸取代股票和期貨成為世界金融的主流商品。外匯沒有到期日，交易者可以根據自己的意願無限期持有頭寸，而且這屬於雙向交易，操作靈活。當然，外匯市場有極大的流動性，更不易被操作，這麼好的機會，當然不能放過。黃同學正是注意到它漲跌也都有獲利機會，而且收益的機率相當高。在炒外匯時他才真正領略到了用小錢生搖錢樹的滋味，雖然外匯的風險係數也令人擔憂，但他一直沒有大筆買入，堅持下來用小額資金炒外匯還是讓他穩賺了一筆。

　　武林中人似乎都有各自的成名絕技，競星劍也有屬於自己的劍招。但是當武功練至化境的絕頂高手，是不會拘泥於幾套有限的套路裡面，只使用固定的招數，而是透過自身修煉去創造更適合自己的武功，博採眾家之長，集萬法之精華，成一家之技。投資之道又何嘗不是如此。

　　投資的招式並非固定的幾類，你的眼界多寬，就能看到面前的路有多廣。

# 投資的實踐，它能帶給你什麼？

武莊一戰，辛龍子起初不斷挨打，但他很快就學會躲，而且發現流星可以幫到自己，收劍時兩個流星可以絞住人的胳膊。

沒有實踐，你怎麼知道學會的武功夠不夠用？但初出江湖，你會摔得頭破血流嗎？

投資就像行走江湖，劍走偏鋒會令人非死則傷。扯上金錢的遊戲，都不是那麼輕易就馬上學會的，既然已經做好投資的準備，心裡也預計了可能失敗的時候，那年輕的學生，你們想好了踏進這無底洞嗎？

無底洞並非想要說投資的可怕，只是理財這東西，只有堅持到最後的人才能看見曙光，投資是理財的一部分，「無底」也是一種期望吧！希望每位學子都能長理財，理長財。

## 你選擇哪一條路

有時候，我們就算看到了很多竅門，仍然免不了碰壁。那麼就要明白，這世上的確有一種叫「運氣」的東西。

甲和丙經常在一起嘀咕，為什麼別人投資賺錢我們卻是賠錢？甲和丙都屬於比較優秀的學生，平常腦子在學習上轉得很快，但運用在投資上卻還是感覺像個出生的嬰兒，只能聽任別人的擺布、指點，最後還摔了滿頭的包。

炒股，剛賺了沒多少，熊市了；租房再出租，結果房價跌，租不出

去，剛退了房，結果房價反彈了；借給朋友錢說是成立公司當入股，賠了。

　　有時候，我們也要看到時間的力量。投資的方法也是各有所長，有的必須要看準時機、見好就收，有的要切記堅持就是勝利、放長線釣大魚。

　　乙同學很相信運氣，他一直覺得自己運氣不好。一開始他跟著甲學炒股，但實在受不了那跳一下就是幾張大鈔的數字，就小小的買了點基金，反正基金也是銀行拿去炒股，一個意思嘛，而且基金的數字高高低低都不出一個零點一，讓他安心很多。後來，乙到底還是覺得提前學點投資起碼能省下家裡給的一點生活費，結果還是聽了甲和丙的建議，轉當二手房東。房價跌，他就自己住著，或者找了同學一起合租，等房價漲的時候，他稍微給人家漲了點租金，同學覺得理所當然。賺的還是不多。

　　終於，基金突然開始瘋漲，乙同學有點怕，小心翼翼的盯來盯去，覺得既然能賺，那就放了好了，萬一再跌下去連這點好處都沒了。別人的「基」都快漲飛了，他才賺了幾千塊，但乙同學挺知足：玩玩嘛，賺了就行。

　　丁同學卻似乎一帆風順，從大三才開始學投資，卻從沒在這上面栽過跟斗。

　　他對甲說：投資，嘿嘿，就是扔錢。關鍵看你把錢扔到土坑裡還是金子堆裡。

　　一個地方挖出了金子，挖到的第一個人找來了他的朋友，和他一起

挖，挖到了更多。他朋友就告訴了另外一位朋友，大家齊上陣，原來這塊地這麼好啊！一傳十十傳百，越來越多的人都來挖金子，最早的開拓者一看，呦，挖不動了，算了，回家吧！等前幾位都走了，後面卻湧來更多的人，挖到土，挖到石頭，但更多人來到這裡，相信自己總能挖到金子，實際上卻是在前人留下的大坑裡把自己越埋越深。

這個道理，相信很多人聽過相同或類似的論調已經不只一次了，但投資有時也像賭博，一旦開始了就總想贏，輸了的想贏回來翻本，贏了的想得到更多。太多的人就這樣陷入自己盲目的堅持，而不去思考究竟什麼才是最適合自己的方式。那些不碰不知道的誘惑，就慢慢纏繞住人的手臂，怎麼都放不開手。

丁其實都不敢相信自己現在的身家。甲、乙、丙做過的投資他也都嘗試過，大盤漲的時候他賺，大盤跌的時候他已經安穩撤出，樓倒是真買了一間二手屋，但根本沒受啥損失，因為他還一直放著長租呢！還有炒外匯等等舉措，而這些，都是在他有錢之後做的。

丁的第一次投資，是盆栽。

沒錯，那種盤根錯節奇形怪狀的綠色植物。這個投資，丁都覺得意外。他的爺爺喜歡擺弄這玩意兒，丁上大學後就每年買一盆送給爺爺，後來他覺得老送市面上常有的實在不稀奇，就上網找，結果網上的品種也覺得不全。丁在參加園藝會的時候，看中了一家植物園自己培植的觀賞類盆栽，連丁這種不愛好植物的年輕人都怎麼看怎麼喜愛，當場就想買下，結果人家不賣，跟去了他們的園址，說了一車好話才有人說這個價錢不便宜而且只能批發，丁一咬牙就訂了五十盆，把爸媽給的幾個月的錢都花了，買回的倒真都是造型各異的精緻盆種。

為了不讓盆栽佔地方，丁就發揮了自己外交專業的技巧，找來認識的外國留學生把盆栽推銷掉，怎想到不少外國人信奉中國的風水說，當這些盆栽是寶貝……

不用說，誰都看見丁後來發了財，以三倍的價格賣出多餘的盆栽後，丁先後做起了倒賣稀有瓜果、轉手造型葫蘆等脫離不開「農產品」的生意，他說自己能在存摺數的尾巴後面不住的加零，全靠了「出土的寶貝」。

就像每一位學子都擁有自己獨一無二的個性，每一類投資也都有不同的特性。找到適合自己的投資方式，不管盈利多少，對大學生來說都足夠了，因為他們邁出了這寶貴的第一步。

創意在投資中，就是一招險棋。走得好，風調雨順賺的盆滿缽滿，走不好，一招錯滿盤皆輸。獨門獨路也要看準時機，就算不懂得時機也要佔了先機。

丁一開始並沒有研究盆栽的市場潛力和市場需求等問題，但他學的是外交，身邊認識的朋友很多，而他流利的英語口語讓他和不少外國人溝通很方便，他在買下盆栽後，動了想要脫手的念頭，於是第一

個想到了經常告訴他外國人喜好的留學生，聯繫了一下果然可行。這就是丁佔的優勢。

後來他慢慢利用這一優勢，逐步發掘國外對於中國特色物品的接受程度，才有了後來的更多投資項目。

丁已經決定畢業後專門做這行生意，他認為這不是冒失和衝動，其間的利弊他也分析過，認為自己有能力將「土產」經營到底。投資的確是為了錢，但不是只賺了錢，他覺得賺到了更廣的人脈關係和業務經驗，還有對市場的捕捉力。

## 去和投資相處吧！

勸說每個大學生都去嚐試投資，這並不是我們的意圖，我們只是在經濟社會這個現實擺在面前的時候，希望每個人都能夠有勇氣和智慧去面對。不要逃避身邊發生的改變，武器就在我們的手裡，是好好運用它還是放棄，那都不是外人所能干預的。我們是要告訴那些已經準備好迎接挑戰或者對於挑戰猶豫不決的人，當你覺得自己成熟、聰慧、有熱情，想要更充足的經濟生活的時候，為什麼不好好的利用社會提供的機會呢？

來，過來和投資好好的相處，它會是個合格的伴侶，就像辛龍子的競星劍，用得好，會使你人生邁入新的臺階，用不好，也能給你當頭棒喝，給你深刻的教訓。

而和投資相處的融不融洽，就要取決於你怎樣對待「它」了。

### 1、瞭解它

　　就像瞭解一個人一樣，瞭解投資的一切，裡裡外外把它看得明明白白，瞭解它的所有組成部分，熟悉它到就像熟悉身邊會說話，會有情緒的人一樣。

## 2、愛它！

　　愛吧，用有節制又持久的、熱情而不衝動的愛，和它多相處，摸清它的脾氣順著它的性子來，看到不對馬上後退，愛它，就接受它的一切規律和習性。

## 3、小心它

　　它還是很任性的，又不愛管別人的死活，那你還是先懂得怎麼保護自己最好。另外，別忘了提醒自己：它變得越美麗的時候，你就離危險越近。

## 4、尋求親友團的幫助

　　投資真的很難搞定，所以你可以考慮一下撥打場外求助熱線。問問你身邊的朋友，問問經驗老到的個中高手，還可以請教專家：它怎麼這麼難以掌握？找個理財專家幫你，還有專業操盤手、股票經紀、基金代理、投資顧問，起碼你不是一個人面對這麼莫測的對手。

## 5、性格不合，我們分手吧！

　　實在你就不是這塊料，那就到此為止，和你不適應的它說分手好了，好聚好散，留些回憶也是以後的資本，起碼，你試過水……哪怕你被淹沒，因為年輕你還能站起來。

　　投資帶給你的，應該是校園沒有的痛並快樂，是屬於籬笆牆外的燦爛。

有人摘取了果實，有人只聞到了花香，有人卻從牆頭失足。

證券公司鼓勵大學生炒股，銀行支持大學生創業貸款，家長教子女買黃金保值，一條條的消息都充斥著太多的鼓勵。當代學生的視野已經被打開，不管是投資闖入你們的生活還是你們的生活需要投資的介入，這都已經是必須面對的問題。而隨著這個問題展開的，就是身為有素質有學識、有能力的大學生們，你們可以用最優美的姿態去展開翅膀迎接已經到來的經濟時代嗎？

七

遊龍劍

# 賺錢七劍之

# 遊龍劍

## 創業，積極進取才能賺錢

---

— 「遊龍」，劍柄呈龍形，劍身有龍飾，劍姿活似蛟龍，劍聲猶如龍吟，桀
　驁不馴，鋒利無阻，如龍行天下。

— 「創業」，是創業者透過發現和識別商業機會，成立活動組織，利用各種
　資源，提供產品和服務，以創造價值的過程。

— 遊龍劍，天下最鋒利的劍。色紅，劍頭軟，能抖動，護手是球形，可任意
　調換出劍方向。人未到而聲先到，疾如閃電，削鐵如泥，象徵進攻。

— 創業，如果你想變成一個富有的投資者，那麼創建一家公司可能是所有投
　資形式中最好的一種，富翁中約有80%的人就是透過創建公司發跡的。創
　業，就是向財富發起攻擊。

— 遊龍劍，遊龍劍被稱為百兵之君，素有點、崩、刺、撩、雲、截、穿、掛
　等劍法。動作輕快飄灑、吞吐自如，勢如猛虎下山、兇猛無阻，快如疾風
　捲草、玄劍飛風。

— 創業，長期以來，創業都被用下列的術語進行定義：新穎的、創新的、靈
　活的、有活力的、有創造性的，以及能承擔風險的。最重要的一點就是：
　創業具有較高的風險，但也有較高的回報。

# 評估自己，你適合創業嗎？

　　遊龍劍主楚昭南，天山派晦明大師的大弟子，本是居於長白山的朝鮮族裔，少年時顛沛流離，晦明大師讓他留在天山，遠離人間利慾。在天山，楚昭南修心養性，於是晦明把最鋒利的遊龍劍傳給他，讓他閉關潛修，但是機緣所限，修煉未成，為救武莊提前破關下山。

　　楚昭南確實具有大師兄鋒芒畢露的領袖作風，但是貪於自我表現，濫於人情，也是楚昭南性格中的心魔。楚昭南得知風火連城的餉銀所在地之後，孤身冒險，因此誤闖敵陣失落了遊龍劍，還讓綠珠也賠上性命。

　　天山七劍不是獨行俠，七劍共進退可傲視天下，但是貿然行動，隨性而為，可能導致難以收拾的後果。

　　創業也是如此。

　　問問自己，你的心中有創業的熱情嗎？你想做老闆嗎？走上創業這條路一定要有付出艱辛的勇氣，更要有自信能把握住市場的需求。如果你想以小投資而換取大回報的話，就得付出比別人更多的精力和耐力，比如要研究市場，學習大量的商業知識。

　　眾多的創業者都屬於「熱情」創業。是的，創業需要有熱情，但光有熱情不夠。許多人往往不分析自己的能力，不管市場時機，更不管多少人因此失敗，而毅然決然地為了創業而創業。大多數人都有不願意做打工者的心理，執意的認為別人能做的自己也能做，別人的成功完全可

以copy到自己頭上，似乎自己的成功就在明天，進而熱情萬丈，甚至不顧一切的借錢創業，這是可怕的，也是創業大忌。

創業初始，必然都會經歷最艱苦的階段，甚至可能你的親人和朋友也會說風涼話，團隊成員也可能打退堂鼓。如果你身為創業的核心成員，沒有迎風不動的定力而是人云亦云，那麼你不適合創業，遇到困難時難免也會退縮。若是自己認定正確的創業之路，你就要堅定地走下去，你要讓冷嘲熱諷以及挫折失敗使你更堅強。

創業的同時，總是需要各種類型的人才，而這些人才往往不是十全十美的，甚至許多有才華的人會有各種怪癖。你能否有大海般的胸懷去容忍他、團結他、調動他呢？這能看出一個人是否具備領導團隊作戰的領導能力，以及他的團隊意識。有寬容的心、有細緻的心、有帶領團隊一起作戰的才能，才是領導型人才所必備的品格之一。不管你是否具備勇於直接負責任、接受挑戰的心理素質，創業必然有很多棘手的麻煩必須由你去直接面對，一些突發的事件往往不能提前預料。看到有利可圖就勇往直前，遇到一點麻煩就趕緊推卸的人，不是能勇於正面挑戰和承擔各種壓力的人，這種人不適合創業。面對創業過程中可能出現的種種壓力，如果你做事果斷而不失去理性，心理素質又高，能擔負起一切責任和壓力，這也是創業型人才所必須具備的條件。

成功創業最重要的是如何開始。有許多創業者開始創業做生意時，會發現一切並不像預期中那麼有利可圖。創業要按照計畫去行動，要踏踏實實一步一腳印，並且能夠在創業過程中學習並成長。某位作家曾在他的書裡寫道：「成功的第一部分是發現價值。第二部分是緊盯價值。」這就是說每個創業者都要有信仰和勇氣大膽跳向未知。失敗的恐

# 第七章　遊龍劍

──創業，積極進取才能賺錢

懼比其他因素更能讓人踟躕，它會使創業的腳步滯留不前。在那些有創業想法的人當中，僅有十分之一的人有勇氣開始並始終如一。

　　如果你正準備創業那麼你必須具備以下幾點：

1. 確立目標，並且要有強烈的成功欲望。

2. 要有正確的理財計畫並開始原始資金的累積。

3. 目標要長遠，要勤於學習並將目前從事的工作當成走向下一個成功的跳板。

4. 在有限的小範圍內進行商業嚐試，這是可以鍛鍊你獲得成功的關鍵能力。

5. 不斷的尋找問題並去彌補缺陷。以合理價格提供優質產品和服務。

6. 保持訊息的靈通，並讀懂選定領域內所能發現的全部資訊。遇到不同資訊，要勇於改變觀念。

7. 相信自己有取得成功的能力，永不言棄。用勇氣與堅持貫徹執行你的計畫。

　　如果你覺得自己已經具備了上述幾點，那麼現在你就開始嚐試做這些事情。去確立你自己的目標，制訂你自己的計畫並去實施。在有限的投資風險下進行小規模嚐試，但一定要堅持下去。記住，在你獲得成功前，你必須得承受住考驗，也許這場考驗比你想像中來得快，但是不管遇到什麼樣的挫折和打擊，你都不要輕言放棄直到成功。

讀完了這些，你是否對自己有了點新的或者更深的認識？

那麼請你再思考以下這些問題吧：

現在你能否用少量的語言清晰地表達出你的創業構想？或用少量的文字將你的想法描繪出來。根據諸多成功者的經驗，不能將自己的想法變成語言的原因大概也是一個警告——你還沒有認真仔細地思考過吧！

你真正瞭解你想從事的行業嗎？並對這個行業內的各方面有所瞭解？你的創業想法能承受時間考驗嗎？你的設想是為自己還是為別人？你是否打算在今後的哪些時間內，全心地投入到創業計畫的實施中去？你有服務於你的個人關係網嗎？

如果經過自我評判分析並能給出自己明確的答案後，說明你已經適合創業，你成功創業的勝算將會很高。但是你要清楚創業也並不是由我們一時所決定的，如果在實施創業計畫前，你還舉棋不定猶豫不決，那麼你最好還是選擇打工這條路。這是因為，儘管你現在有創業的動機和想法，但是基於市場和自己的經濟能力或家庭等諸多因素的考量，現在也許並不是你創業最佳時機。

創業途中勢必會遇到很大的競爭力，而且只有你自己才能決定怎麼做最恰當。你要知道成事不易，創業更難。當你選擇了創業這條路時，自然而然地就會滿懷著期待憧憬成功帶給你的喜悅，但是你更要想到若是失敗怎麼辦，俗話說的好，不怕一萬只怕萬一！遇事往壞處想儘管會使人不愉快，感覺不吉利，但這卻是創業之初應該考慮清楚的。要知道，楚昭南當初就是因為太想展露自己而恃才傲物一意孤行，最終導致慘敗的。

# 大學生創業的特殊性

遊龍劍，金銅，有點紅紅的顏色。劍頭是軟的，會抖動。護手是球形，可以任意調換劍的方向，因此非常靈活。寶劍太鋒利有力了，因此它打斷別人的劍時，產生很大的震盪，由護手內的小球旋轉化掉。遊龍劍會發聲，而且打得快時，聲隨劍走。

天山七劍，各不相同，每把劍都是獨一無二，具有很強的特性。要練好天山劍法，必須要先對自己和自己手中的劍有詳細的瞭解和領悟。遊龍劍是天下最鋒利的劍，人未到而聲先到，疾如閃電，削鐵如泥。此劍出手必傷人，幾招一出，劍勢便無法控制，素有「招不過十」之稱。劍招之下，從無倖免者，非死即殘。

放眼當下的大學生，我們有點悲傷地看到，大學生創業並沒有遊龍劍出招那麼所向披靡，相對來說，大學生創業與社會人士創業相比，是處於弱勢的。也許，大學生在專業知識、科學技能方面有所專長，但是在很多方面，大學生還處於學習狀態，沒有完全的成長。

研究發現，美國的絕大多數百萬富翁通常在標準考試中達不到進入法學院、醫學院或研究所要求的高分，又不具有足以讓大公司雇用的較高的等級平均值。但是他們仍然想成為經濟上的成功者。所以大多數人選擇了為自己打工，當他們不被雇用時，他們雇用自己。

許多把自己說成是「不具備智力天才」的創業人，在事實上卻是另一類天才。他們有豐富的實際操作經驗，並且具有某些創造性的素質。

否則，如何解釋他們有能力發現經濟上的機會呢？而大多數所謂的天才大學生卻無法看到這種機會。那麼現在就認真思考一下，看看自己能否在某個商務事件中做出正確決定，能否創造性地選擇理想的創業方向，這樣你才能在今後的創業路上有更高一級的判斷力。

有一些決心創業或正在嚐試創業的大學生們，他們身上存在有很多自己看不到的缺點：比如缺乏社會經驗和職業經歷，尤其是人際關係和商業網絡，還有就是真正有商業前景的創業項目，他們有的許多關於怎樣創業的點子根本就經不起市場的考驗。有些大學生們看不起蠅頭小利，好高騖遠喜歡紙上談兵，創業計畫大而無當，市場預測又過於樂觀。他們往往在乎「第一桶金」而不去思考怎樣賺「第一分錢」，這是由於他們的獨立人格沒有完全形成，缺乏對社會和個人的責任感。有的學生在前期聽到創業艱難，沒有嚐試就輕易放棄了。這些大學生們眼高手低，心理承受能力差，遇到挫折就放棄，這也是整個社會文化和商業交往中人們往往不信任年輕人的原因之一，也是很不利於年輕人的創業的一個因素。

不少大學生對創業的理解，還停留在僅有一個新奇的想法就能賺錢的概念上，要用這樣的新奇創意來吸引別人投資。以前這樣的事在國外的確有過，但在今天這幾乎是不可能的了。現在的投資人最看重的是你創業計畫的含金量是多少，對於這些，你有沒有一整套細緻周密的可行性論證與實施計畫，僅憑你三言兩語的一個想法就想讓人家掏錢投資是不可能的。這些準備創業的大學生們由於社會經驗缺乏，普遍存在市場理性意識以及商業管理經驗，卻又盲目樂觀的憧憬創業成功將帶給自己豐厚回報。這些也是影響大學生成功創業的重要因素。

# 第七章　遊龍劍

——創業，積極進取才能賺錢

　　有一些被認為是天才的大學生們，往往覺得自己應該在今後的經濟財富上也是無敵的，他們時常設想，以自己傲人的智力，將來不愁沒有豐厚的收入和巨大的財富。事實上，那些對此堅信不疑的人，總會在美夢中被殘酷的事實打醒。他們所選擇的職業多數充滿了競爭者，而且那些競爭者也都具有很高的智商和能力，進而成為了他們最具有殺傷力的競爭對手。

　　透過對上述大學生們創業存在的問題的分析不難發現，他們根本就沒有準備好怎樣去面對創業之路的艱辛，如果創業遇到了挫折或者失敗，將以怎樣的心態去面對。

　　許多正在創業的大學生感到痛苦茫然，甚至沮喪消沉，為什麼一切不如自己設想的那樣順利呢？這是因為大家以前看到的都是創業成功的例子，心態自然都是理想主義的。其實，有時候我們很容易被成功的光環所蒙蔽，卻不知那些成功的背後經歷過多少次的失敗。能預知成功，也能看到成功背面的失敗，這才是真正的創業市場，也只有這樣，才能使年輕的創業者們變得更加理智。

　　是的，大學生創業有很多地方沒有準備充足，還有很多地方需要學習改進，但是大學生創業依然是一個富有魅力的舉動，大學生創業也有讓人看好的地方。

　　大學生就業與創業還是有自身的特點的。孫子兵法裡就有「知己知彼，百戰不殆」，大學生只有深刻認識自己的優點和缺點後，才能在揚長避短的基礎上為創業來個準確定位。

　　當代大學生對各種事物有很高領悟力，有些東西一點即通，他們學習能力強接受新鮮事物快，甚至有的能做為潮流的引領者。他們的思維

普遍活躍自信心較足，對認定的事情有熱情去做，沒有結婚成家的大學生暫無家庭負擔，他們的創業之初，大多能獲得家庭或家族的支持。

大學生為何遲遲邁不出創業的第一步呢？多半因為他們沒有創業的概念。即將畢業的某大學研究生林菲兒說，雖然目前經濟形勢不好，無論是大學生還是研究生都遇到了找工作就業難的問題，她身邊的同學，包括她自己都不會選擇走自主創業的道路。林菲兒打了個比方：「就像買麵包一樣，即使商家對這種麵包打了對折，我沒試過這個品牌一樣不會去買。」同樣是今年畢業的大學生莊禮，從剛上大四的時候就四處投遞履歷，也面試了好多用人單位，但是工作仍然沒有著落。他的想法是工作難找也要找，暫時不會考慮去創業，因為對於從來沒有動過創業念頭的他來說，突然跑去搞自主創業根本不實際。

由此可見不管是林菲兒還是莊禮，他們的思想代表了一部分即將畢業的大學生的觀念。面對大學生們的這種現象，他們缺乏的是自主思考的意識，這些學生們基本是按照父母和老師的規劃一步步走過來的。考取什麼學校、讀什麼科系、得到什麼證書，父母和老師才是「總設計師」，學生基本不用自己去思考，只要照做就是了。這樣一來就造成他們缺乏自己動腦做決定的能力。自主創業這個概念，是很多家庭和學校的書本教育很少提及的，所以還沒有能夠在學生的思想裡紮根。多數大學生在想到創業問題時，還沒有涉及到專案、資金和可行性的階段就放棄了。

現在的大學生創業，所面臨的首要困難和障礙是缺乏勇氣。有畢業多年的人提起創業的話題會說：「我上大學的時候，也曾想過一些有可行性的項目，但是由於一些原因而沒有去做，想想就惋惜啊！」其實說

# 第七章　遊龍劍

## ——創業，積極進取才能賺錢

白了，這種不把想法付諸實踐的主要原因就是不敢嘗試。這些人認為創業是需要很多基本條件的，如資金、經驗、資金關係等等，認為自己還是一個在校學生，不具備那樣的創業素質，也就對自主創業沒什麼信心了。要知道創業成功者「自主」才是關鍵啊！即將畢業的大學生在考慮今後何去何從的時候，都習慣性的考慮如何找份好工作，找份什麼樣的工作才算好工作，很少會有人主動的去計畫要自己開創一番事業。社會應當鼓勵和支持大學畢業生創業，這對緩解當前的就業問題和壓力無疑起著十分重要的作用。

社會中就業的競爭現實，也催生出了一個自主創業的大學生群體，他們認為與其四處濫投履歷，參加各種招募會，還不如自己創業，從頭做起去贏得就業的主動權。雖然他們在畢業的大學生裡面可謂是鳳毛麟角，但其創業精神和經歷，對仍在「就業」與「創業」間徘徊的大學生們，無疑是一種啟發和激勵。

李冬畢業於某藝術學院的設計系，畢業那年，他以設計第一的成績受聘於某廣告公司做設計師，薪水可觀。可是工作不到一年，他就辭職另起爐灶了。原因很簡單，自己設計的廣告方案，被老闆否定了多次，可是最後客戶還是選擇了他的最初設計方案。他覺得自己的想法在老闆那裡不能得到認可，那還不如自己開一間設計工作室。後來經過努力，他成為了那個城市內廣告業的佼佼者。每次談起創業初始他都深有感觸，他說那時候真的特別艱難，除了廣告設計是他的專長，像什麼市場啊、管理啊、營運這些，基本上他

都一竅不通，他形容自己當初就是摸著石頭過河，一點一點摸索著、累積著，總算度過了最初的那段艱難時期。幾年來，李冬把所有的熱情都投入到他那個小公司上了，事無鉅細他都要親自過問和處理，到現在，原來只有十幾坪的工作室，如今已經成為擁有五十多個員工、辦公面積擴大十倍的設計公司了。

　　還有一位國外知名大學畢業，名叫王博，學成回國後，他並沒有用自己所學的專業找工作。因為他非常愛好攝影，特別渴望開一間屬於自己的攝影工作室。親朋好友對他的這種想法很不讚賞，冷水是潑了一盆又一盆。但是王博堅信自己能做好。為了得到父母的支持，他態度誠懇的和父母做了一次長談。雖然父母答應了他的請求，但是也提出了條件，那就是可以給王博一年的時間，這一年的時間內王博的攝影工作室若是做不成功，他就必須聽從父母的安排，用自己所學的專業去賺錢，以此歸還父母投入的資金。王博滿懷信心的一口答應了。隨後他四處找尋合適的店面，店面選好後，又去購置器材又是裝修店面，同時也辦理了營業執照，一天到晚忙得不亦樂乎。經過一段時間的籌備，王博的攝影工作室終於開張了。令他意想不到的是，前來光顧的人少的可憐，開業的半個月內連一筆生意也沒做成。好不容易盼來的客人，也是看了看樣片就頭也不回的走了。困頓中的王博意識到，要想做成生意，就必須要把技術水準提高上去，還有就是做好宣傳。於是他印製了大量精美的宣傳型錄和宣傳單，並找來自己的朋友幫忙分發。做這些的同時，他又報名參加了攝影技術的培訓。從此白天忙生意，晚上回到家就認真的練習攝影技術。皇天不負苦心人，攝影工作室的生意終於在他不懈的努力下一天天的好起來了，他自己的攝影技術也越來越純熟。現在他已經有了不少老顧客，而這些顧客又再給他帶來新的顧客，半年後，王博的工

作室終於盈利了。像王博這個拋棄自己專業的大學生，他走的創業之路能說不成功嗎？

　　面對這兩個成功的案例，那些即將畢業的大學生們會有何感想呢？而對那些提起「創業」兩字就一臉茫然的大學生們來說，再多的鼓勵也是白搭，首先是要給他們的思想「解套」。大學生創業，「自主」才是關鍵。

　　即將走向社會的大學生們，對未來充滿著希望，他們有著年輕的熱情、蓬勃的朝氣以及在學校裡學到的很多理論性的知識，有著較高層次的技術優勢。尤為重要的是他們的創新精神，和對傳統觀念以及傳統行業挑戰的信心和欲望，而這種創新精神也往往造就了大學生創業的動力源泉，成為成功創業的精神基礎。最重要的是大學生年輕，有時間去發展，也有機會重新再來。

　　所以，你有理由去奮鬥。

# 人脈，不會貶值的基礎投資

楚昭南獨闖天門屯，中了風火連城的埋伏，遊龍劍被奪，自身也淪為階下囚。其他六劍知道這個消息之後，離開武莊的大隊人馬，準備以六劍之力，救下楚昭南，奪回遊龍劍。

楚昭南以為風火連城在別處屯軍，天門屯必然空虛，無人防守，憑遊龍劍之利，打開機關，破壞風火連城軍餉，其軍必敗無疑。然而不料風火連城老謀深算，布陣埋伏天門屯，活捉楚昭南。關鍵時刻，其他六劍沒有捨棄楚昭南，以身赴險，救了即將被五馬分屍的楚昭南，破了風火連城大軍。

一個好漢三個幫，一個籬笆三個樁。就算絕頂英雄行走江湖，沒有三五知己，也往往難以施展抱負。莫問劍主傅青主也是因為寡不敵眾，才上天山搬救兵，組成七劍下山。

人脈，人類共生社會化的一種產物，在每個人生存、生活以及追求財富和成功的路途中，如果能夠將之有效利用起來，甚至能將其發揮到盡善盡美的程度，它就能為我們帶來無數個機會與希望，有時甚至會收到意想不到的果實。

戴爾·卡內基認為，一個人事業的成功，只有15%是靠他的專業技術，另外的85%要靠人際關係和處世技巧。要想做成大事，必定要有良好而廣泛的人脈網路，並且要利用好它。

古老的中國智慧也提到，「天時、地利、人和」，想要做成大事，

必須要有良好且廣泛的人脈網路，善於利用人脈的人總是最大的優勝者。

俗話說：「近水樓臺先得月。」對於我們先天具有的人際關係優勢，更要優先利用。在這方面，美國億萬富翁哈默或許能給我們啟示。

哈默在商界被稱為「點石成金的萬能商人」，這與他會利用人際關係是分不開的，事實上他的事業起步就與他和列寧的關係緊密相關。

他與列寧的淵源，還起源於哈默的父親。他的父親是個俄國移民，一個熱情十足的社會主義者，美國共產黨的創始人之一。哈默父親的身分，使哈默在第一次對蘇聯的訪問中得到了特殊的待遇。那時，蘇聯正值蘇維埃內戰時期，由於國內戰爭連年不斷，再加上外國武裝力量的干涉及封鎖，蘇聯經濟已經到了衰弱不堪的地步，為此國內的糧食和食品供應非常缺乏，而當時美國的糧食卻連年豐收，價格比蘇聯這邊便宜很多。有經濟頭腦的哈默，儘管從來沒有做過糧食生意，但他立刻看出這是一個大好的商機，決定利用價差做一筆跨國大買賣，即從美國購買廉價的糧食，再以稍低於蘇聯國內糧價的價格賣給蘇聯。哈默把自己的想法告訴了列寧，得到了列寧的讚許，因為這宗買賣給整個蘇聯帶來了便利。列寧當即就指示外貿部門支持這筆貿易。也是因為這椿生意，哈默與列寧結下了真摯深厚的友誼，而哈默也透過這次貿易賺取了不菲的財富，從此他的錢「開始數不清」了。

看到這個故事，也許有人會說，我的出身平凡，缺乏必要的經驗，而且又沒有任何資歷，哪有這麼便利的人際關係資源？人脈不就是互相幫忙嗎？我無法給他人提供所需的知識、技術和資源，他人憑什麼要來和我打交道呢？

其實這是個錯誤的觀念，人際關係實際上都是自己開創的。在人類社會中，任何人都有自己的人脈關係，實際上每個人的人脈關係的區別只在於範圍的大小、程度的強弱。只要你多留心身邊的人群和事物，你會發現處處皆人脈，比如同鄰居們的交往；熟人、朋友的聚會、網路……這一切都是無需太多成本的管道，重要的是抓住每一次機會。例如參加某個活動或喜宴時，你可以提前到場，主動去認識更多的陌生人；即便是一次萍水相逢的旅行活動，你也可以與你的前後左右交換名片，輕鬆友好地聊一聊；在外出過程中，要善於溝通與交流。

　　現實交往中你會發現，掌握一些累積人脈的小技巧，會讓你事半功倍。

　　1、能力所及，量力而行。首先儘量要做到資源分享——共用知識，尤其是自己的專業知識。技能互補是人與人合作的重要契機之一，共用自己的專業知識會吸引更多的人關注你；共用資源，在自己能夠掌控和承受的範圍內將資源最大化共用，這樣可以使別人始終記得你的存在。

　　2、多與有社會地位和社會豐富經驗的人打交道。智慧需要傳承，那些長者與成功人士最迫切的想法就是培養接班人，只要你有足夠的熱心和真誠，便會得到上層人的賞識與青睞，他們會給你最直接、最有效的方法與經驗。

　　3、如果你是個內向、不善言談的人，那麼你可以選擇網路。林立無數的聊天室、論壇每天都在討論他們的專業、他們的愛好。消除了性格上的阻礙，你或許可以在網路當中建立更為廣泛的人際關係。

　　4、多結識人。很多年輕人覺得自己的圈子窄小，缺乏有利的條件

## 第七章　遊龍劍

### ——創業，積極進取才能賺錢

去接觸更廣闊的天地。我們都清楚沒有哪個人天生就認識許多人，人脈網路是一點一滴累積起來的。從身邊做起，在工作和學習的環境中儘量的將認識的人變成自己的人脈，並由此拓展開來，慢慢發展。

5、利用現有的資源擴大人脈。很簡單，你認識的一個人在一家公司工作，他所在公司需要採購辦公用品，那麼你就去找你的一個做過相關事情的（例如行政人員）朋友。你的朋友一定會拿出一大堆相關銷售人的名片，分門別類、應有盡有。回頭找你認識的人，如果他著急，那就找XXX，這家會負責送貨上門；如果想買便宜的就找XXX，那家最便宜；總之有了這些就不用再到既不便捷亦不最便宜的超市採購。最後，各類供應商你都可以轉化為自己的資源，以備不時之需。而且這種人脈極少需要費心維護，只要瞭解清晰的性價比即可。

6、聊天——一種最古老、簡單、直接有效的建立人際關係的方法。對一個剛剛開始工作的學生來講，生活圈子肯定不是很大，而要和人家建立起關係來，懷抱著明確的功利性目的，顯然是很難受到歡迎的，這時候需要的是沒有目的性的聊天。對輩分和身分高的人，可以彙報工作、談談生活；地位相當的，談天說地，有興趣就可以。彼此之間的感情就會在這些聊天中建立起來，以後有了什麼需要，也就可以讓對方尋求支持和幫助了。

7、維護人脈需要具體情況具體分析。並非所有人都喜歡「沒事閒聊」。你跟他談天說地，就算他不忙，也會頓覺煩躁的對你說：「有時說話，何必囉嗦？」所以，維護人脈要投其所好，才能意氣相投。

生活中，我們不能缺少朋友，一個沒有良好人際關係的人，即使再有知識、再有技能，也得不到施展空間。朋友相處要客觀：審時度勢，

在商言商。雖然人脈多了可以帶來更多的機會與途徑，但人脈，特別是朋友還是把雙刃劍，凡事要講求趨利避害，不能因為是朋友就輕棄原則，否則有時會得不償失。選擇人脈的時候要客觀，同樣在建立人脈之後，怎樣看待人脈，自己的態度也要清醒。正所謂「道不同，不相為謀」，志同道合的程度決定雙方的安全距離，普通的朋友距離遠一些，生死之交和道義上的朋友距離可近一些。但關係再好，彼此應保持一定距離，雙方感覺增一分則太長，減一分則過短。過分關心別人包辦別人本應自己做的事情，只能使對方感覺厭煩，別人表面上盛情難卻，內心卻掩藏著說不出的憤怒。恰到好處才是王道。

為什麼這樣呢？因為隨著你的工作經驗、技能和你的人際網路成長，同時大家的實力也都在往上增長。所以，開始建立人脈時，你的為人必定要熱心，你的貢獻越大，價值越大，反過來，別人願意替你付出的也越大。

如果你的志向是成為一個創業者，那麼你在建立人脈的時候，更應該考慮到你自身的價值和結交的人的價值。並且首先在盤點人脈關係前，冷靜問問自己：你自身的價值有多少？你無法提供他人需求的有效知識和資源，就說明你不具有價值，你能提供的有效知識和資源越多，你就越容易建立堅強的人脈關係。

在認識到自己的價值之後，還需要向他人推銷宣傳你的價值，只有他人認識到你的價值才能承認你的價值。世界第一的推銷員喬‧傑拉德在臺灣演講時，把他的西裝打開，至少撒出了三千張名片在現場。他說：「各位，這就是我成為世界第一名推銷員的祕訣，演講結束。」然後就下場了。一個被大家認可的老好人，固然可愛但毫無用處，但是一

個總不願被人利用的精明人，也難以建立真正的人脈關係。在人際交往中最核心的要點是「共用」，要善於向別人傳遞你的「可共用資源」，進而促成交往機會，彼此更深入地瞭解和信任對方。

也許在社會交往中你很有價值，你所交往的朋友們也各有自己的價值，那麼為什麼不把他們聯繫起來，彼此共用更多的資源呢？如果你只是接受和發出資訊的一個終點，那麼人脈關係產生的價值是有限的；但是，如果你成為資訊和資源交換的一個樞紐中心，那麼別的朋友也更樂意與你交往，你也能促成更多的機會和途徑，進而鞏固和擴大自己的人脈關係。

獲得人脈關係沒有想像的難，但是，一定要懂得經營，並且你也要注意培養自己的財商能力，才能為你所用進而創造財富。

# 知識、技術與經驗，萬變不離其中

　　晦明大師的劍越打越鋒利，直到找到「遊龍」的玄鐵，打出遊龍這把天下最鋒利的寶劍。遊龍劍打造時發出的聲音，能夠震斷旁邊另一把劍；遊龍劍一拔劍，頻率都可以把對方的劍震脫手。

　　能夠打造天下最鋒利的劍的人，在鑄劍方面，當非凡人；能夠使用天下最鋒利的劍的人，在用劍方面，亦當非俗人。要在某一領域登峰造極，絕對是需要深厚的知識、精湛的技術和經時間累積的經驗。

　　在前面我們討論到學習的重要性的時候，就提到專業技能對於走向致富之路是相當重要的，特別是你想走技術致富之路的話。

　　在資訊科技時代的今天，「Google」已經成為了人們登錄網路搜尋未知問題的一種重要方式。它縮短了人們與未知問題之間的距離，它做到了只要你點擊一下滑鼠，就能找到問題的答案。我們可以不登錄PPT，也可以不安裝MSN，但我們無法不使用「Google」。

　　「Google」可以說是在目前網際網路上功能最強大、最全面的免費搜尋引擎，現今「Google」的索引目錄中儲存了將近30億個網頁及網頁快照，並且全世界的人們可以用86種文字在「Google」上進行搜尋。

　　「Google」能有今日的成就與輝煌，這當然要歸功於他的兩位創始人：拉里‧佩奇和謝爾蓋‧布林。

　　拉里‧佩奇在密西根州安娜堡大學完成了學業，他在那所學校取得了理工學士學位。他的父親對他的影響很大。拉里‧佩奇的父親是位電

腦系教授，他的電腦知識一直讓拉里·佩奇有著濃厚的興趣。拉里·佩奇的好朋友謝爾蓋·布林出生於莫斯科，曾是馬里蘭大學本部的榮譽畢業生。他也擁有數學和電腦系的理學學士學位。

當兩個天才遇在一起，在歷史上通常都是這樣的情況：第一，龍爭虎鬥，兩敗俱傷；第二，惺惺相惜，共同努力。佩奇和布林的相遇結果屬於後者的範疇。

1995年的時候，雅虎網站已成為網際網路上範圍極廣的搜尋引擎，而佩奇和布林還僅僅是兩個不為人知的小人物。

1998年9月的某一天，當時年僅二十五歲的佩奇和二十四歲的布林決定一起辦個公司，憑藉著對網路技術的癡迷，他們決定開個與網際網路有關的公司。怎樣做起，如何將這一功能發揚光大，這些問題讓兩個年輕人為之興奮，而正是在不斷解決這些問題的過程中，兩個人的命運緊緊的聯繫在一起。

開發出一個軟體，對於本身就是電腦博士的佩奇和布林來說，根本就是輕而易舉。「Google」就是這兩個年輕人對於搜尋技術的熱愛而創造出來的。起先他們只把這個小軟體放在學校的網站上使用。一段時間後，他們無意中發現，上萬個人已經在使用他們研發出來的這個軟體。於是他們就動了把這個軟體賣出去的念頭。儘管經過了多方奔走聯繫，已經成為網路業巨頭的「Yahoo」和「Infoseek」絲毫沒有把這兩個年輕人的成果放在眼裡。其中一個主管甚至說：「對不起，我們是專業的國際化大公司，對你們這種小孩子玩意兒不感興趣。」聽到這樣的回覆，佩奇和布林相當沮喪。可是他們沒有氣餒，儘管四處碰壁，但是他們依然信心十足的完善自己的軟體功能。

有一句話真的是非常精妙：「上帝為你關上了一扇門，必將為你打開一扇窗。」正當佩奇和布林捧著自己的成果迷茫困惑的時候，Sun微系統公司一名創始人安迪‧貝希托爾斯海姆先生送來了10萬美元的支票，這10萬美金就成了Google的第一筆啟動資金。有了錢，於是這兩個年輕人就決定自己做。在經過一番技術修改後，「Google」這一神話般的劃時代產物，也在兩位天才的手中逐漸產生了。

「Google」上市後市值就超過100億美元，而拉里‧佩奇和謝爾蓋‧布林也理所當然成為美國新一代的富翁。可以說，「Google」取得的巨大成功一大部分來自其創建者的想像力，同樣也來自他們的天賦。

所以，你看到楚昭南雖然是用劍高手，在兵法上，卻遜於風火連城，所以被風火連城埋伏活捉。

大學生創業也是如此，你可能有滿腔的熱情，你可能還有精湛的技術、超前的理念和絕妙的創意，但是在經營企業方面，在做事務實方面，你可能不及一個小學沒畢業的路邊攤老闆。

從廣義上講，身為一個創業者，最需要得到的東西是關於創業方面的知識、事務處理能力和企業管理經驗。但是身為一個才踏上起跑線上的人，要求馬上掌握這一切是不可能的，除了在大學學習期間的不斷探索和累積，還有一些其他的方法和道路來解決這些事情。

一般來說，累積創業經驗主要有兩個方面需要注意。一是選擇一個合適的行業進行學習。對打算實現個人創業的大學生來說，選擇一個能夠瞭解商業營運與管理方面的有系統公司，是很有好處的。而最好的選擇還是一些小型的公司，比如一些小型的商貿公司或經銷商，以及某些大型企業的分支機構等，它們都有著完整的組織架構，加上它們不像大

型公司那樣分工明確，有利於新人進行商業的初步接觸與學習，全面瞭解公司的結構設置和營運規範。在大型的商業機構中，因為過去注重系統整體作用，員工的工作多半都是被限制和規定好的，只要做好自己的本職工作就行了，很難發揮員工的創造性；但在小型的機構中，因為內部結構簡單，員工多半需要身兼數職，並且老闆也會在短時間內要求員工能夠迅速熟悉自己的工作，這樣就有助於員工瞭解商業內的各個環節，並親自實踐，進而獲得寶貴的經驗。

第二點就是要懷抱著良好的學習心態。不管大學生之前學習過多少的經營理論，但理論和實際畢竟是有區別的，而學校和商業社會更是完全不同，若是還抱著過去的經驗和想法進入社會，是很難融入新的商業模式中去的。所以，大學生一定要抱著謙虛的學習心態，在企業中學習和完善教科書上沒有的社會經驗與商業經驗，為將來的個人創業打下良好而堅實的基礎。

以上說的是大學生怎樣累積創業經驗的方法，其實，無論在學校裡拓展知識，還是在工作中歷練能力，對一個創業者來說，都必須明確自己的目標，踏踏實實地學習，兢兢業業地工作。就像「Google」的兩位創始人拉里·佩奇和謝爾蓋·布林一樣，在經歷多次被拒絕、被打擊後，依然滿懷信心，因為他們知道，是金子總是要發光的。

台塑集團董事長王永慶曾經說過：「經驗，必須是刻苦耐勞，踏實地磨練出來的心得才有用。如果是簡單的走馬看花，參觀性質、客串性質，只能稱為經歷，稱為經過，所謂過來人並不能說就有經驗，時間並不等於經驗，這點是要分辨清楚的。」

就在今年，臺大資訊系畢業生Alan終於擁有了屬於自己的軟體公司，而且讓多數創業者頭疼的資金問題在他這裡已經不成問題，因為他和他的團隊正在開發的一款網路遊戲，正吸引了數家風險投資公司的興趣。而這一切的發生，距離Alan畢業還只有短短三年。

　　三年前，當Alan剛剛畢業的時候，他已經有了關於這款網路遊戲的設想，而憑藉他當時的編程能力，是能夠圓自己的創業夢想的。但是，想到自身還是一名剛剛畢業的大學生，沒有任何的商業營運的經驗，Alan覺得自己需要學習的還很多。於是，他按捺住創業的衝動，依靠自己出色的專業技術進入了一個大型IT公司，決定在這家公司中邊工作邊學習，等累積到足夠的開發經驗和大型專案的管理模式之後，再考慮獨立創業的可行性。

　　就這樣，Alan進入了公司，開始動用一切時間學習和吸收。在三年的時間內，他學會了精確評估開發專案所需的時間，並知道了在每個時間階段該做些什麼，他清楚了一個專案的操作過程，同時，他還在這個行業裡累積起了相當的人脈和資源。當他覺得自己已經有了足夠的經驗的時候，他知道自己創業的時機到了。

　　自己做了老闆的Alan發現他的選擇確實是正確的。三年來學習到的嚴謹的觀念和精確的時間管理模式給了他很多的幫助，平日裡累積下的人脈讓他擁有了屬於自己的優秀團隊，工作效益極高。

　　有志於創業並不表示需要馬上進行，畢業後選擇先就業，是一種更有智慧的方式，能夠為自己將來的創業累積經驗和人脈，保證今後的創業過程中少走冤枉路，少犯錯誤，更好的實現理想。

# 資金，創業的最大決定因素

劍被稱為百兵之君，素有點、崩、刺、撩、雲、截、穿、掛等劍法。動作輕快飄灑、吞吐自如，劍姿活似蛟龍，忽騰空入雲、忽降落入地，勢如猛虎下山、兇猛無阻，快如疾風捲草、玄劍飛風。遊龍劍更是無堅不摧，一劍既出，眾劍稱臣，是最高攻擊的武器。

一個劍客最基本的要素是什麼？當然應該是劍。普通的劍客用一把普通的劍，謀一仗之勝；高明的劍客用一把寶劍，謀一時之勝；絕頂的劍客出神入化，萬物皆可為劍，謀一世之勝。當然，能謀萬世之勝的，不是劍法，只能是道法。

創業亦如此。有一點本錢，可開小作坊，謀生而已；有較多的本錢，可辦一家公司，風光一時；有富豪排行榜上的本錢，若無較大差錯，則可以風雲一世了。

創業必須過「資金」這關，沒有資金創業也就無從談起，就算是具有傳奇色彩的HP、DELL等公司成立時，也是需要幾百上千美元來註冊的。

大學生基本上是純消費者，沒有或者說很少的經濟來源，創業需要啟動資金，通常是需要外界幫忙的。一般來說，大學生創業資金有三種來源：

一是自己在大學期間兼職或是理財投資賺來的錢。自力更生，艱苦創業，這是很值得鼓勵和讚揚的事情，一般來講，這樣的大學生具有較

好的創業素質，如果你屬於這一類，那麼，恭喜你。

二是向親友借錢。這是大學生在創業階段最容易實現的一種方式。當然，這必須建立在親友們有一定經濟基礎，並且對大學生創業持支持態度。

三是向銀行貸款。銀行貸款手續難辦，審核複雜，而且額度不高，可行性並不高，適合創辦微型企業，做臨時資金週轉考慮使用。

四是向風險投資機構融資。風險投資對大學生來說並不陌生，這在前幾年也算是大學校園內的一個流行詞，但絕大多數風險投資商對大學生的專案持謹慎態度，不會輕易出手。要說動他們，不能只有幾點想法就跑去和對方空談，而必須拿出實實在在的證據來證明：你所選擇的專案是有可行性的，是有市場前景的。最有效的做法是，當你和對方談之前要事先準備好書面的專案介紹和計畫書。在和對方談話的過程中，還可以強調一下自己的社會關係網，因為人脈網路也是風險投資商很擔心大學生創業所缺乏的一個要素。

有人投資自己的企業，當然是很高興的事情，從企業經營角度來講，無論什麼時候，強大的現金流都是促使企業高速運轉和快速發展的最強而有力的保障。在當今這個人才濟濟的時代，也許「找人」是一件容易的事情，但是「找錢」卻往往充滿艱辛。

1994年，隨著yahoo的發展，楊致遠和費羅決定將博士論文暫時擱置起來，專心開發自己的網路搜尋引擎。

其實在當時網路中已存在一些類似搜尋引擎，但與雅虎相比，這些

索引搜尋方式過於機械化，而雅虎是建立在「手工」分類編輯資訊的基礎之上的。雅虎的搜尋引擎的技術優勢在於，它採用分層組織資訊的方式，檢索結果較之那些採用簡單演算法的傳統「機械式」搜尋引擎更具智慧性，也更為實用，而這一點也正是其他搜尋引擎無法與之相提並論的。

1994年底，雅虎很快就成了業界主導。楊致遠和費羅雖然為了自己的開發工作幾乎沒有時間休息，但他們卻很興奮，因為他們看到這時網路的發展，帶來了無盡的機會！可是這時的「雅虎」最缺的就是資金。只要有了資金，成功就在眼前。

此時，有著敏銳洞察力的楊致遠發覺，必須自己制訂一個周密的商業計畫，才能說服投資人，得到投資，於是他託自己哈佛MBA的同學做了一份詳實的計畫書，然後拿著這份計畫書，四處尋找風險投資者。

就在這個困難的時期，「雅虎」的資訊還一直是免費使用，且延續到今日。後來楊致遠回憶說：「這項工作很艱苦，但充滿了樂趣。不過有時我真有一種從懸崖上往下跳的感覺……不知結局怎樣。我們想用網路做一切，也許什麼也做不成。但我們不在乎，我們不會失去任何東西。」

最後，楊致遠找了美洲紅杉資本公司，它是矽谷最有名氣的風險投資公司，這家公司曾向蘋果、Atari、奧拉克、思科系統等公司做過投資。但紅杉公司的莫里茲卻有些遲疑，因為雅虎實在太過與眾不同了，雅虎本身只是「在網上提供服務」，而且是免費的，風險基金還從來沒有投資一種免費的服務或產品的先例。

但最終，楊致遠和費羅說服了莫里茲，讓莫里茲體會到「雅虎」是一種新興媒體，有巨大的商業潛力。1995年4月，美洲紅杉投資雅虎400萬美元。幾乎同時，莫里茲又找來了蒂姆——一位合適的經理人——主管雅虎事務，這樣楊致遠和費羅就可以專注於研究與開發。

蒂姆上任的第一道命令就是讓「公司像個賺錢的公司」，擴充了廣告版面。最初幾天他們收到了不少責罵的郵件，因為在當時的人看來，網路不應沾染商業氣氛，但做為一個新生事物，要想生存，實在別無他法，不久人們還是接受了。同時雅虎還與路透社合作，推出新聞線上服務，將網站的功能推向一個全新境界。

1995年8月，在雅虎出現資金短缺的情況下，公司再次開出4,000萬美元的增資。這看上去如同獅子大開口，可是這時雅虎的名氣讓投資者毫不猶豫便出手了。路透社和軟體銀行聯合，同時軟體銀行購買了5%的股權，開始一同建構雅虎日本網的計畫。

1996年3月7日，雅虎公司的股票開始上市，這件事被稱為「華爾街盛事」。4月12日開始交易，最初股票定價為13美元，但交易火爆，每小時平均轉手達6

次，股票價格一度猛漲至43美元，經此一次，雅虎市值轉瞬間達到了8.5億美元，這時的雅虎的資金已是「美洲杉」投資時的200倍。

　　創業者為了能夠吸引到投資者的資金，必須認真地撰寫營運計畫書，發現缺點，還要進行反覆修改，最後希望能夠寫出一個完美的計畫，以達到讓投資者投資這個最終目的。但是要注意，寫出一整套完美的計畫並不等於資金已經到手。好的經營計畫雖然不需向大眾透露，但必須讓所有潛在的投資者瞭解，並且更需要進一步去挖掘投資可能性高的投資者，然後加以周詳的說明，以獲得信任，贏得信心，最終才能真正達到吸引投資的目的。所以，好的經營計畫應選擇最恰當的時機，和最恰當的方式，展示在最恰當的事物面前。只有具備所有的條件，才能夠在吸引投資者的爭投競爭中立於不敗之地。

# 不斷提醒自己，做好創業準備

　　遊龍劍之特性是象徵進攻。「遊龍」一出，天下無敵，所以劍的發聲是一種提醒，人未到聲先到，敵人聞聲喪膽，甚至天地會的小孩子們可以假裝遊龍劍的聲音嚇人。

　　象徵進攻的遊龍劍隨時保持著最鋒利的姿勢，最銳捷的狀態，裝在鞘中已是虎踞龍盤，躍然欲搏之勢，一旦出鞘則虎嘯龍吟，橫掃六合，聲動天下。

　　大學生創業當如此！在行動前就要有預謀天下，準備充分，多花心思多做審查；在行動時就要迅捷精準，一舉成功，要求效應和效益。

　　雖然人脈還不廣闊，技術、經驗還很欠缺，資金問題讓人頭痛，但是身為一個積極的創業者，不能因為有困難就退縮。這個社會大多數人都適合打工，但適合創業當老闆的人卻是不多，所以這個社會窮人多，富人少。如果你多做準備，你就有希望跳脫打工行列，而躋身老闆之列。

　　2006年8月中旬，Lisa走上了創業之路。經過再三權衡，她把自己的創業目標鎖定在與汽車有關的專案上，很快一家屬於她自己的汽車飾品店在一番忙碌之後誕生了。但是僅僅半年，她就鳴金收兵，敗下陣來。回憶那段創業的日子，讓Lisa很是痛苦：付出了很多，回報太少。

　　其實，在創業之前，Lisa認為自己是做了充分準備的。因為喜歡各式各樣的汽車，她就琢磨著在汽車方面找路子。她先在網路上搜集了一

些關於汽車消費品的創業項目。然後根據自己掌握的資訊資料，考慮到隨著人們生活水準的提高，買車的人會越來越多，而像她一樣酷愛汽車的人通常都比較注重車內裝飾，決定開一家汽車飾品店。

Lisa覺得自己的想法還是比較順應市場發展的，於是躊躇滿志地開始了第二步工作。她先從網上搜尋了一些經營汽車飾品的代理商，並對各家的產品品質和價位以及供貨管道進行了比較，然後選定了一家代理商。經過商榷，她和那家代理商簽好了協定，交了5萬元的加盟費就開始著手選店面。又是搞裝修又是進貨忙的情緒激昂，腦子裡滿是憧憬的Lisa很快就成了老闆。但是現實給Lisa的熱情澆了一盆冷水，開張後，光臨她汽車飾品店的顧客寥寥無幾。儘管她店裡的飾品很吸引人的目光，無奈當初為了省錢圖便宜，她把飾品店開在位置較偏僻的地段。那條馬路上過往的汽車倒是不少，但也僅僅是路過，而且大部分是載貨的大汽車，根本不會在這樣一個地段停車，更不會來買車內飾品。Lisa每天都早早開店，很晚才打烊，商品的價位也定得很低。儘管怎麼樣辛苦，開業半年總共才賣出2、3萬元的貨。屋漏偏逢連夜雨，這時房租也到期了，Lisa不敢再戀棧，她把剩下的貨拉到了朋友的庫房，從此再也不提開店的事。

很顯然，Lisa雖然做了一點功課，但是沒有做到細緻和周全。一般來講，做好創業準備，不是一件容易的事情，有很多的東西需要去做：

# 1、塑造商業心態

創業，說到底就是選擇一個商業項目去賺錢，以目前來說，適合大學生創業的項目規模都比較小，可是不管怎麼說，再小的項目也是靠自

己獨立運作的商業。

　　既然把創業稱為商業項目，就必須去按照商業規律辦事。這需要創業人具備一定的商人特質和相關的前提條件。具備這些條件，才能在商場上玩得轉，否則，就會變成商海大潮中的犧牲品和墊腳石。

　　三百六十行，行行出狀元，每個行業的商業項目可以說都是有錢賺的，但前提是要透過相關的條件因素和人為運作，不可能有哪個商業項目是不動手也不動腦的自動運作，極少有生意是不管是誰只要上手操作就賺錢的，就是在馬路邊賣蚵仔煎的，還有賺有賠呢！

　　有正確的商業想法就去做正確的事。從事商業，自然得要具備商業頭腦，那麼這個商業頭腦和心態由哪些因素構成的呢？用通俗的話來說，就是必須先瞭解商業的本質在哪裡，商業過程與目標結果的關係。商業運轉的根本目的就是要贏利，選擇怎樣的項目和市場以及產品還有它的營運方式等等，都是商業運轉的過程和工具而已，你所做的這一切，都應該是以實現盈利為最終核心目的來運作的。而不是依據你自己對某種產品的單一喜好，或是你獨斷的看好某塊市場，並堅持認定自己的市場操作思路非常具備先進性和可行性，而把這些做為項目發展和運行指導思想。有很多創業的大學生們就在這方面失敗了，創業初始，他們完全是憑藉自己的個人愛好和單方面判斷標準來選擇市場和產品，以個人化的感性心態而非理性化的商業心態來規劃運行發展方案。結果，往往是創業者的手裡積壓了一大批自己看好的商品。

　　還有許多想創業的大學生們把這個商業頭腦的問題簡單化了，以為有盈利的心態就會做生意了。世界上的絕大多數人都有賺錢的想法，光有想法是不夠的，問題是你該怎麼賺錢，你怎樣賺到錢的這些過程想清

楚沒有，你的思路方案是正確的嗎？你的客戶和消費群體能接受嗎？你的資源投入和回報率是合適的嗎？每一步具體的做法又在哪裡？有沒有預見性的進行一些問題和事故的預防準備工作呢？

所以說，具備商業頭腦和心態，是從事專項創業者的一個關鍵因素。

## 2、自身條件準備

其實我們也會發現並不是每一個人都適合創業，也並非每一個創業者都能成功！要想創業成功，創業者首先需要看清自身是不是具備這些條件，這一點在之前我們已經講過。

## 3、創業項目選定

現代的大學生們普遍感覺創業難，找尋創業機會更難。有一些人將某個創業點子的產生，歸因於機緣湊巧，所謂「無心插柳柳成蔭」。不過，經過研究創意的專家廣泛調查得到的結論是，創意只是冰山上的一角。如果沒有平日的用心耕耘，機緣也不會如此湊巧的落在你面前。所謂的機緣巧合或第六感的直覺，主要還是因為創業者在平日練就出的偵測環境變化的觀察力。正是這些敏銳的觀察力，才能夠使他先知先覺形成了創意構想，並大膽的實施。

找尋創業機會的方法，大致可歸納為以下的幾種方式：

經過仔細的分析特殊事件來發掘創業機會。比如前些年，美國的一家高爐煉鋼廠因為資金不足，不得不去購置一座相當小的鋼爐，可是後來竟然發現後者的獲利率要高於前者的意外結果。經過市場調查和分

析，這才發現美國鋼品市場結構已產生了變化，因此，這家鋼廠就將往後的投資重點放在能快速反應市場需求的小型煉鋼技術上，大獲成功。

仔細分析各種商業矛盾現象來找尋創業機會。例如，金融機構提供的服務與產品大多只針對那些專業投資大戶，但佔有市場很大一部分資金的投資大眾卻沒有受到重視。這樣的矛盾，顯示提供一般大眾投資服務的產品市場必將極具潛力。

仔細分析市場作業程序來發掘創業機會。隨著社會的進步，數位科技在全球生產與運籌體系流程中，就可以發現很多的資訊服務與軟體發展的創業機會。

仔細分析當下產業與市場結構變遷的趨勢。在國營事業民營化與公共部門產業開放化的市場自由競爭中，我們可以在公共交通和電信產業以及能源產業中，找到很多的創業機會。在政府新近推出的知識經濟方案中，也可以尋得許多新的創業機會。

仔細分析價值觀與認知的變化和新知識的產生來發掘創業機會。現代社會人們對於飲食需求認知的改變，造就美食市場、健康食品市場等的新興行業。當我們人類的基因圖像已經獲得了完全解決，可以預期在生物科技與醫療服務等領域帶來極多的新生事業。這些新生事業也許就是你的創業機遇。

雖然社會提供了大量的創業機會，可以經過有系統的研究來開發，不過，最好的創業點子還是來自創業者的長期觀察與各種商務體驗。

透過分析自身的條件和瞭解創業機會的基礎上，那些正準備創業的大學生們，現在可以對自己的創業項目做初步的選擇了，也就是選擇創

業的切入點。不管你選擇了什麼樣的切入點，要明白選擇的正確與否直接關係到你創業的成敗興衰。因此，創業者首先要對現階段國家的政策和法律進行認真的學習並研究，要深刻地領會和明確哪些行業是國家鼓勵發展的，哪些行業是加以限制的。選擇創業的項目一定要有發展美好前景，絕不能因受利益驅動的短期行為而貽誤遠大前程。其次，必須對自己所選的項目進行深入、細緻、認真的市場調查。因為大學生的經驗有限，初出校園對創業項目的初步選擇，多半是僅憑自己的興趣和對社會的籠統認知而做出的，你要全面瞭解你所選項目的可行性和前景，以及風險的大小，同時還需要進行周密的市場調查。以便瞭解同類行業的所需設備，及設備價格、場地租金、月營業額、利潤、員工薪資等方面的資訊，掌握顧客群體的需求和數量、分布、文化層次、消費水準還有消費需求。弄清楚這些還不夠，創業者更應該知道在自己未來的經營運作範圍內，有多少家同類型競爭對手，他們的市場佔有率是多少，他們的經營方式的特點，在哪些方面還能滿足和完善顧客的需求等等。在此基礎上，從技術和經濟角度對所選項目進行評估、測算，最後確定切實可行的創業項目。

## 4、創業條件準備

選好了項目，那麼再來看看自己的創業條件，這些條件主要包括怎樣選擇地點、怎樣籌措和怎樣辦理手續等。

企業選址主要是根據行業特點來確定。生產、加工類創業項目的地點選擇通常要考慮生產、加工需要，交通便利，租金也可以承受的地段。員工的生活便利和安全性也要考慮。而那些商業店鋪和各種服務業，則要選擇人口密度大而且流動性大的鬧區或繁華地段，交通便利並

且要有停車位。

怎樣籌集創業資金，在之前的章節已經提及，這裡就不再贅述了。

總之，無論你是開店、開工廠還是經營公司，都要具有合法的經營資格，辦理相對的手續。工商註冊、稅務登記、勞動用工、銀行開戶、各種行業相對的許可證等。注意：個體工商戶和民營企業的工商註冊通常要經歷3個步驟來完成：

（1）**申請和受理。**

（2）**審查和核准。**

（3）**發照和公告。**

稅務辦理的步驟主要包括辦理稅務登記、辦理納稅申報和辦理納稅繳納等手續。

做好這些充分準備，那麼去廣闊的天地間憑藉青春的熱情去奮鬥一番吧！相信你能成功！

「商場如戰場」，此話雖是老生常談，但卻自有它的道理在。商場上風雲起伏，難以預料，往往昨日的億萬富豪今日卻落得一文不值，失敗處處可見。尤其對剛開始創業的大學生來說，因為缺乏經驗，難免會遭遇失敗，但能夠從失敗中汲取教訓，重頭再來，為二次創業累積經驗，那也未嚐不是一件好事。

年輕的人們，在你的世界裡，你才是自己的主宰！命運一定要掌握在自己的手裡！從現在起就出發吧！

國家圖書館出版品預行編目資料

人生的100萬從上大學開始／王光宇編著
－－第一版－－ 台北市：知青頻道出版；
紅螞蟻圖書發行，2010.04
面　　公分－－
ISBN 978-986-6276-11-8 (平裝)

1.個人理財　2.投資　3.大學生
563　　　　　　　　　　　　　99005012

# 人生的100萬從上大學開始

編　　著／王光宇
美術構成／Chris' office
校　　對／周英嬌、楊安妮、朱慧蒨
發 行 人／賴秀珍
榮譽總監／張錦基
總 編 輯／何南輝
出　　版／知青頻道出版有限公司
發　　行／紅螞蟻圖書有限公司
地　　址／台北市內湖區舊宗路二段121巷28號4F
網　　站／www.e-redant.com
郵撥帳號／1604621-1　紅螞蟻圖書有限公司
電　　話／(02)2795-3656 (代表號)
傳　　眞／(02)2795-4100
登 記 證／局版北市業字第796號
港澳總經銷／和平圖書有限公司
地　　址／香港柴灣嘉業街12號百樂門大廈17F
電　　話／(852)2804-6687
法律顧問／許晏賓律師
印 刷 廠／鴻運彩色印刷有限公司
出版日期／2010年 4 月　第一版第一刷

**定價 220 元　港幣 73 元**

**ISBN 978-986-6276-11-8**　　　　　　　**Printed in Taiwan**